Handlungskompetenz
im Ausland

herausgegeben von
Alexander Thomas, Universität Regensburg

Vandenhoeck & Ruprecht

Sabine Foellbach
Katharina Rottenaicher
Alexander Thomas

Beruflich in Argentinien

Trainingsprogramm für Manager, Fach- und Führungskräfte

Vandenhoeck & Ruprecht

Die 10 Cartoons hat Jörg Plannerer gezeichnet.

Umschlagabbildung: M. Donato Diez, *Tango*, 1990, Bronze, H 36 cm.

Die Deutsche Bibliothek – CIP-Einheitsaufnahme

Ein Titeldatensatz für diese Publikation ist bei
Der Deutschen Bibliothek erhältlich.

ISBN 3-525-49053-4

© 2002 Vandenhoeck & Ruprecht, Göttingen
www.vandenhoeck-ruprecht.de
Printed in Germany. – Das Werk einschließlich aller seiner Teile ist urheberrechtlich geschützt. Jede Verwendung außerhalb der engen Grenzen des Urheberrechtsgesetzes ist ohne Zustimmung des Verlages unzulässig und strafbar. Das gilt insbesondere für Vervielfältigungen, Übersetzungen, Mikroverfilmungen und die Einspeicherung und Verarbeitung in elektronischen Systemen.
Satz: Satzspiegel, Nörten-Hardenberg
Druck- und Bindearbeiten: Hubert & Co., Göttingen

Inhalt

Vorwort 7

Einführung in das Training 11
Zielsetzung und theoretischer Hintergrund 11
Was ist ein Culture Assimilator? 12
Wie entsteht ein Culture Assimilator? 13
Hinweise für die Bearbeitung des Trainingsmaterials 14

Themenbereich 1: Simpatía 17
Beispiel 1: Verhandlungsmarathon 17
Beispiel 2: Sommerferien 20
Beispiel 3: Zur Sache bitte 23

Kulturelle Verankerung von »Simpatía« 27

Themenbereich 2: Buena Presencia 31
Beispiel 4: Kaffee und Kuchen 31
Beispiel 5: Der Jeep 34
Beispiel 6: Die Schönheitsoperation 37

Kulturelle Verankerung von »Buena Presencia« 39

Themenbereich 3: Hierarchieorientierung 43
Beispiel 7: Die Belüftungsanlage 43
Beispiel 8: Die Reinigung 46
Beispiel 9: Ist doch logisch? 49
Beispiel 10: Ideen 53
Beispiel 11: Die Diskussion 56

Kulturelle Verankerung von »Hierarchieorientierung« . . . 59

Themenbereich 4: Ambivalente nationale Identität . . 63
Beispiel 12: Nationalitäten 63
Beispiel 13: Reiseziele 66

Kulturelle Verankerung von »Ambivalente nationale
Identität« 70

Themenbereich 5: Gegenwartsorientierung 75
Beispiel 14: Carpe diem 75
Beispiel 15: Voller Kühlschrank 78
Kulturelle Verankerung von »Gegenwartsorientierung« .. 81

Themenbereich 6: Polychrones Zeitverständnis 85
Beispiel 16: Arbeitsbesprechung 85
Beispiel 17: Kneipenbummel 89
Kulturelle Verankerung von »Polychrones Zeitverständnis« 91

Themenbereich 7: Flexibilität 95
Beispiel 18: Ohne Ende 95
Beispiel 19: Kindergeburtstag 98
Kulturelle Verankerung von »Flexibilität« 101

**Themenbereich 8: Unverbindlicher Umgang
mit Absprachen** 105
Beispiel 20: Der Kinobesuch 105
Beispiel 21: Das Vorgespräch 108
Beispiel 22: Geduld 111
Beispiel 23: La Fiesta 114
Kulturelle Verankerung von »Unverbindlicher Umgang
mit Absprachen« 117

**Die argentinischen Kulturstandards im Überblick
und im Zusammenhang** 121

Fakten zu Argentinien im Überblick 125
Geographie und Klima 125
Land und Leute 126
Wirtschaft 130
Geschichte 134

Zu guter Letzt noch einige Tips 142

Weiterführende Literatur und Web-Adressen 147

■ Vorwort

Die wenigsten Deutschen haben eine genaue Vorstellung von Argentinien oder haben sich jemals über dieses Land Gedanken gemacht. Man kennt es als große Fußballnation und als Herkunftsland des Tango, weiß aber ansonsten nur, daß es irgendwo im Süden Lateinamerikas liegt.

Wenn man in der Hauptstadt Buenos Aires ankommt, ist man erst einmal überrascht, wie europäisch die Stadt und die in ihr lebenden Menschen aussehen. Man findet nicht eine Stadt der »Dritten Welt« mit Scharen von bettelnden Straßenkindern, sondern eine lebendige und moderne Großstadt vor. Auch die Argentinier wirken auf den ersten Blick gar nicht »so anders«, oder zumindest nicht anders als Spanier oder Italiener. Da die Wurzeln der großen Mehrheit der Argentinier in diesen Ländern liegen, ist die zu beobachtende Ähnlichkeit nicht weiter verwunderlich.

Argentinien war auch ein Einwanderungsland für viele Deutsche, und es sind erstaunliche Spuren deutscher Kultur zu finden. Man würde beispielsweise kein deutsches Oktoberfest mit Trachtenumzügen erwarten, wie es alljährlich in einem kleinen Dorf mitten in Argentiniens Pampa stattfindet. Nach den großen Einwanderungswellen Anfang des zwanzigsten Jahrhunderts war in den dreißiger Jahren mit 237.000 deutschsprachigen Einwanderern, 203 deutschen Schulen und 300 deutschen Vereinen ein Höhepunkt deutschen Gemeinschaftslebens in Argentinien erreicht. Die deutschen Einwanderer hielten meist stark an ihrer Sprache und Tradition fest und führten ein Leben »in deutscher Umgebung« mit deutschen Banken, Ärzten und Versicherungen. Der enge Zusammenhalt der Deutschsprachigen bewirkte eine starke Abgrenzung gegenüber der argentinischen Gesellschaft. Im Zeitraum bis 1949 waren weit über 200.000 Deutsche in Argentinien eingewandert und heute leben noch etwa 50.000 bis 60.000 Deutsche dort.

Aufgrund der langjährigen deutsch-argentinischen Beziehungen erscheint es sinnvoll, sich mit dem Land und der Kultur Argentiniens auseinander zu setzen. Vor allem können Deutsche, die einen Aufenthalt in Argentinien planen, sich mit Hilfe dieses Trainingsprogramms Wissen über die argentinische Kultur aneignen. Im Zeitalter der Globalisierung, in dem die wirtschaftlichen Grenzen immer mehr verschwinden, ist es für Unternehmen außerordentlich wichtig, tragfähige und fruchtbare Beziehungen zu Partnern im Ausland aufzubauen. Sie müssen eventuelle Synergieeffekte ausschöpfen, um auf dem internationalen Markt überleben zu können. Die Beherrschung interkulturellen Managements ist für Führungskräfte und Mitarbeiter ein entscheidender Faktor für den persönlichen und unternehmerischen Erfolg. Entsandte Manager, sogenannte Expatriates, können die Interessen des Stammhauses nur dann adäquat vertreten, wenn sie in der Lage sind, sich auf die Bedürfnisse der Menschen aus dem ausländischen Tochterunternehmen einzustellen.

Im gesamten Bereich der internationalen Zusammenarbeit, sei es in der Entwicklungshilfe, bei Jointventures, in Tochterunternehmen oder bei Austauschprogrammen von Studenten und Praktikanten, treffen Menschen aus verschiedenen Kulturen für Stunden, Wochen oder Jahre aufeinander und müssen konstruktiv zusammenarbeiten. Das Trainingsprogramm soll einen Beitrag zur effektiven Verständigung leisten. Es wurde im Rahmen zweier Forschungsarbeiten der Universität Regensburg im Bereich Interkulturelle Psychologie (Prof. Dr. Thomas) in enger Zusammenarbeit mit Argentiniern sowie Deutschen, die mit der argentinischen Kultur vertraut sind, entwickelt.

Sabine Foellbach
Katharina Rottenaicher
Alexander Thomas

■ Einführung in das Training

■ Zielsetzung und theoretischer Hintergrund

Zielsetzung des Trainings ist es, Deutschen, die sich auf einen beruflichen Aufenthalt in Argentinien vorbereiten wollen, Anhaltspunkte für den Umgang mit Argentiniern zu geben. Er soll ihnen ermöglichen, fremde Denk- und Verhaltensmuster kennenzulernen sowie das Verhalten der Argentinier besser einschätzen und vorhersehen zu können. Dies kann die Eingewöhnungsphase und die Anpassung an die argentinische Kultur erleichtern und ist Voraussetzung für eine effektive Zusammenarbeit mit Argentiniern.

Ein weiteres Ziel des Trainings ist es, eine Reflexion der eigenen Spielregeln, die unser Verhalten steuern, anzuregen. Jede Kultur hat sich als eine geeignete Form der Anpassung an gegebene Umweltverhältnisse herausgebildet und ist somit nicht als besser oder schlechter zu bewerten als eine andere. Deutsche Effizienz und Strukturiertheit sind nicht in jeder Situation die beste Art, Probleme zu lösen. Dagegen kann eine tolerante Einstellung viel dazu beitragen, daß der Aufenthalt im Gastland gelingt.

In jeder Kultur gibt es bestimmte Normen, Werte, Überzeugungen und Verhaltensvorschriften, die von den Mitgliedern der jeweiligen Kultur geteilt werden und das Wahrnehmen, Denken, Werten und Handeln ihrer Mitglieder beeinflussen. Diese fundamentalen Handlungsprinzipien, sogenannte Kulturstandards, haben in erster Linie eine Orientierungsfunktion, indem sie das Verhalten unserer Mitmenschen vorhersehbar und verständlich machen. Darüber hinaus liefern sie einen Maßstab für die Ausführung und Beurteilung von Verhaltensweisen. Kulturstandards werden im Laufe der persönlichen Entwicklung erlernt und später nicht mehr bewußt als handlungssteuernd wahrgenommen.

Die Beschreibung der argentinischen Kultur und der Argentinier anhand von Kulturstandards bringt zwangsläufig eine Vereinfachung und eine reduzierte Darstellung mit sich. Selbstverständlich gibt es individuelle Unterschiede, die nicht erfaßt werden können. Wir hoffen aber dennoch, Vorurteile abbauen zu helfen, indem wir argentinisches Verhalten erklären und in den kulturellen Kontext einbetten. Durch die Behandlung der am häufigsten berichteten Unterschiede und Konfliktquellen sollen einige Orientierungspunkte geliefert werden, die das Handeln im Gastland erleichtern sowie Enttäuschungen und Mißverständnisse vermeiden helfen.

■ Was ist ein Culture Assimilator?

Ein Culture Assimilator ist ein Training, in dem Situationen dargestellt werden, in denen Mißverständnisse oder Konflikte zwischen zwei Personen unterschiedlicher kultureller Herkunft auftreten, sogenannte kritische Interaktionssituationen. Während man im eigenen Land besser einschätzen kann, warum der andere sich auf eine bestimmte Art und Weise verhält, ist in einer anderen Kultur oft nicht nachvollziehbar, welche Ursachen dem unverständlichen Verhalten zugrunde liegen. Dies liegt daran, daß das Verhalten auf Grundsätzen basiert, die uns nicht bekannt sind.

In dem Training wird durch die Analyse von kritischen Begegnungssituationen zwischen Argentiniern und Deutschen gezeigt, in welchen Bereichen sich die argentinische von der deutschen Kultur besonders unterscheidet. Daraus lassen sich zentrale argentinische Kulturstandards ableiten, die in der Begegnung zwischen Deutschen und Argentiniern wirksam werden. Diese Methode bringt mit sich, daß die beschriebenen argentinischen Kulturstandards stark perspektivenabhängig, also spezifisch für argentinisch-deutsche Begegnungen sind, und deshalb keinesfalls den Anspruch haben, die argentinische Kultur vollständig zu erklären.

Indem Sie die Situationen der dargestellten Beispiele durcharbeiten und die Rückmeldungen zu den jeweiligen Antwortmöglichkeiten durchlesen, können Sie lernen, das Verhalten der Argentinier so zu erklären, wie dies ein Argentinier tun würde. Ein Lernziel ist es, die »deutsche Brille«, durch die man das Verhalten von Fremden sieht und interpretiert, abzulegen. Wenn man das Verhalten des anderen besser versteht und vorhersehen kann, werden Gefühle wie Streß, Ärger und Hilflosigkeit reduziert und Begleiterscheinungen des Kulturschocks können abgemildert werden. Auch die Folgen des eigenen Handelns werden besser einschätzbar. Das Training sensibilisiert für die Unterschiede zwischen den Kulturen und ermöglicht somit ein besseres Verständnis und einen erfolgreichen und interessanten Aufenthalt in Argentinien.

■ Wie entsteht ein Culture Assimilator?

Grundlage des Trainings sind Interviews mit deutschen Managern, Praktikanten und Studenten, die in Argentinien arbeiten, studieren und leben. Sie wurden nach häufig vorkommenden Situationen befragt, in denen ihnen das Verhalten ihres argentinischen Gegenübers unverständlich war, wobei es zu Mißverständnissen kam. Aus diesen Interviews stammen die authentischen Begegnungssituationen, die – hier lediglich sprachlich geglättet – verwendet werden.

Durch Befragung von Dozenten, Doktoranden und Sprachwissenschaftlern, die sowohl mit der deutschen wie auch mit der argentinischen Kultur und Gesellschaft vertraut sind (sogenannte bikulturelle Experten), wurden die kulturell adäquaten Erklärungen und Rückmeldungen zu den Situationen gewonnen. Weniger zutreffende Antworten wurden durch Befragung von Personen erhoben, die noch keinen Kontakt mit der argentinischen Kultur hatten.

Mit Hilfe bewährter Methoden der interkulturellen Forschung wurden aus den Interviews die zentralen argentinischen Kulturstandards, die in der argentinisch-deutschen Begegnung wirksam sind, herausgefiltert. Diese werden am Ende jeder Trainingseinheit beschrieben und durch politische, geschichtliche und landeskundliche Informationen ergänzt.

■ Hinweise für die Bearbeitung des Trainingsmaterials

Das Training ist so aufgebaut, daß Sie sich die Inhalte allein und ohne fremde Anweisung im Selbststudium erarbeiten können.

Das Material ist in acht Themenbereiche unterteilt, in denen jeweils ein Kulturstandard bearbeitet wird. Die Reihenfolge der Trainingseinheiten ist so gewählt, daß sie aufeinander aufbauen und bereits vermittelte Lerninhalte in grundlegenden Kulturstandards in den nachfolgenden Abschnitten mit einbezogen werden.

Jede Trainingseinheit besteht aus einer oder mehreren kritischen Begegnungssituationen zwischen Argentiniern und Deutschen. Insgesamt bearbeiten Sie 23 Beispielsituationen. Nach der achten und letzten Trainingseinheit finden Sie eine kurze Zusammenfassung aller behandelten Kulturstandards und eine Darstellung der Zusammenhänge zwischen den Kulturstandards. Zudem werden Informationen zum Land, zur Wirtschaft und zur Geschichte Argentiniens sowie einige Originalzitate aus den Interviews wiedergegeben. Den Abschluß bilden Tips zu Land und Leuten und einige ausgewählte Hinweise zu weiterführender Literatur.

Vorgehensweise:

1. Lesen Sie sich jede Beispielsituation aufmerksam durch.
2. Überlegen Sie, wie Sie die Situation erklären würden, bevor Sie zu den Antwortalternativen übergehen.
3. Lesen Sie nun die Erklärungsalternativen nacheinander durch und setzen Sie für jede Alternative ein Kreuz auf der vorgegebenen Skala, je nachdem, welche Antwort aus Ihrer Sicht die Situation am besten erklärt. Falls Sie manchmal das Gefühl haben sollten, daß die in der Situation vermittelte Information nicht genügt, um eine eindeutige Antwort bezüglich des argentinischen Verhaltens zu geben, sollten Sie trotzdem versuchen, anhand der gegebenen Informationen eine oder mehrere Erklärungsalternativen auszuwählen. Es können durchaus mehrere richtige Interpretationen nebeneinander stehen. Ziel

ist nicht, die einzig wahre Erklärung (»Deutung«) zu einer Situation zu finden, sondern begründete Fragen an die Situation zu stellen und sich mit möglichen kulturadäquaten Erklärungen auseinander zu setzen. Auf diese Weise wird die Fähigkeit erlernt, das Verhalten von Argentiniern so zu interpretieren, wie dies auch ein Argentinier tun würde.
4. Blättern Sie zu den Erläuterungen (»Bedeutungen«) und vergleichen Sie, ob die von Ihnen gewählte Einschätzung mit der aus argentinischer Sicht kulturadäquaten Erklärung übereinstimmt. In den meisten Situationen läßt sich nicht eindeutig feststellen, ob die Erklärungsalternativen das argentinische Verhalten absolut »richtig« oder »falsch« beschreiben. Es gibt aber zu jeder Situation mindestens eine Antwort, die das Verhalten aus argentinischer Sicht am plausibelsten erklärt.
5. Nach der Bearbeitung der Situationen finden Sie teilweise Vorschläge (»Lösungsstrategie«), wie Sie sich in ähnlichen Situationen verhalten könnten. Hier ist es Ihnen freigestellt, noch weitere Ideen zu sammeln. Bitte betrachten Sie diese Punkte nur als Anregung und nicht als Richtlinien, nach denen in jedem Fall zu handeln ist.
6. Bearbeiten Sie in beschriebener Weise alle Situationen eines Themenbereichs.
7. Am Ende jeder Trainingseinheit wird der den Situationen hauptsächlich zugrundeliegende Kulturstandard (»kulturelle Verankerung«) ausführlich beschrieben und erklärt sowie seine historische und gesellschaftliche Entstehungsgeschichte erläutert.

Wir wünschen Ihnen bei der Bearbeitung viel Spaß und Erfolg!

■ Themenbereich 1: Simpatía

■ Beispiel 1: Verhandlungsmarathon

■ Situation

Der in Argentinien tätige Unternehmer Herr Meier trifft sich erstmals mit Vertretern einer argentinischen Firma zur Besprechung eines gemeinsamen Projekts. Während des Gesprächs wird hauptsächlich über Politik und die allgemeine Wirtschaftslage diskutiert, das Projekt wird nur am Schluß kurz angesprochen; konkrete Vereinbarungen werden nicht getroffen. Bei einem zweiten Treffen wenige Wochen später werden zwar einige Aspekte des Projekts konkreter diskutiert, jedoch kommt es nach wie vor nicht zu einem Vertragsabschluß. So geht das über mehrere Verhandlungsrunden, bis dann, erst Wochen später, nach einigen weiteren Sitzungen ein Vertragsabschluß zustande kommt. Herr Meier kann nicht verstehen, warum sich die Verhandlungen so lange hinziehen; er wäre gern schneller zu einem Ergebnis gekommen.

Wie erklären Sie sich die Situation?

– Lesen Sie nun die Antwortalternativen nacheinander durch.
– Bestimmen Sie den Erklärungswert jeder Antwortalternative für die gegebene Situation und kreuzen Sie ihn auf der darunter befindlichen Skala entsprechend an. Es ist möglich, daß mehrere Antwortalternativen den gleichen Erklärungswert besitzen.

Deutungen

a) Argentinier sind eher mißtrauisch gegenüber Fremden und wollen ihre Geschäftspartner erst kennen lernen, bevor sie ihnen auf geschäftlicher Ebene Vertrauen entgegenbringen.

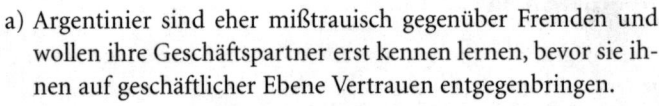

b) Terminen und Fristen wird in Argentinien weniger Beachtung geschenkt.

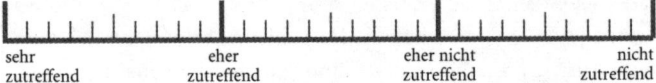

c) Bei der Verhandlung treffen zwei verschiedene Kulturen aufeinander. Jede Kultur bringt andere Ideen und Wertvorstellungen in die Verhandlungen mit ein. Die Meinungen werden oftmals unterschiedlich sein. Deshalb dauern die Verhandlungen so lang.

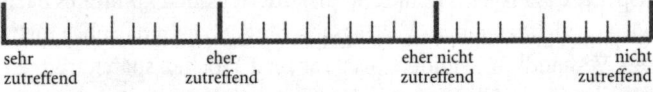

d) Die argentinische Firma hat zwischenzeitlich auch andere mögliche Partner für das Projekt in Erwägung gezogen und verfolgt deshalb eine Verzögerungstaktik.

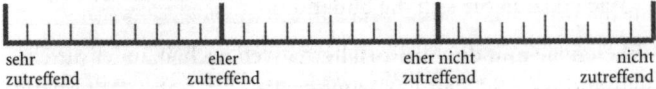

- Versuchen Sie, Ihre Einstufung jeder Antwortalternative zu begründen. Halten Sie die Begründung in schriftlicher Form stichpunktartig fest.
- Lesen Sie nun die Erläuterungen zu jeder Antwortalternative durch und vergleichen Sie diese mit Ihren eigenen Begründungen.

Bedeutungen

Erläuterung zu a):
Diese Begründung erklärt die Situation am besten. Durch weitgehend fehlende rechtliche Absicherung ist es in Argentinien gerade bei Geschäftsabschlüssen sehr wichtig, den Verhandlungspartner richtig einzuschätzen. Da Fehlentscheidungen in größerem Ausmaß als in Deutschland existenzbedrohende Folgen haben können, wollen Argentinier erst ein – über das Fachliche hinausgehende – Vertrauensverhältnis zu einem Geschäftspartner aufbauen. Aus diesem Grund ist es angebracht, sich auf eine längere Kennenlernphase einzulassen.

Erläuterung zu b):
Diese Erklärung trifft eher nicht zu. Es ist zwar richtig, daß Fristen und Termine nicht so dogmatisch eingehalten werden wie in Deutschland, aber hier ist ein anderer Grund ausschlaggebend.

Erläuterung zu c):
Diese Erklärung trifft eher nicht zu. Es kann zwar sein, daß das Aufbauen einer vertrauensvollen Geschäftsbeziehung mit einem Ausländer wegen der unterschiedlichen Wertvorstellungen mehr Zeit in Anspruch nimmt, aber auch in der Zusammenarbeit zwischen Argentiniern ist eine längere Vorlaufphase üblich. Aus diesem Grund erklärt die Antwort diese Situation nicht.

Erläuterung zu d):
Für die vorliegende Situation ist diese Antwort nicht zutreffend. Die Möglichkeit ist zwar nicht ganz auszuschließen, in dieser Situation spielen aber andere Gründe eine maßgebliche Rolle.

- Beantworten Sie sich folgende Frage: Wie würden Sie sich in einer vergleichbaren Situation verhalten?
- Halten Sie Ihre Überlegungen stichpunktartig in schriftlicher Form fest.

■ Lösungsstrategie

Ein deutscher Manager, der mit einem straffen Zeitplan und der Erwartung nach Argentinien geht, Geschäfte innerhalb des in Deutschland üblichen Zeitrahmens abschließen zu können, wird dort wohl häufig Enttäuschungen erleben. Geschäfte und Verhandlungen brauchen Zeit in Argentinien. Gerade bei den ersten Treffen geht es weniger darum, Informationen über das Projekt auszutauschen und bereits erste Vereinbarungen zu treffen. Sie dienen vielmehr dazu, ein Vertrauensverhältnis aufzubauen und den Geschäftspartner auf einer persönlichen Ebene kennenzulernen. Fachliche Argumente wirken dabei in der Anfangsphase weniger überzeugend als Ihre Persönlichkeit, mit der sich der Geschäftspartner erst vertraut machen will.

Vorschläge, wie Sie in einer vergleichbaren Situation handeln könnten:

- Nehmen Sie sich Zeit und lassen Sie sich auf Ihre Verhandlungspartner ein.
- Stellen Sie sich auf eine lange Verhandlungsdauer ein, und versuchen Sie, von den Vorteilen eines persönlicheren Verhandlungsklimas zu profitieren.
- Seien Sie sich der Tatsache bewußt, daß diese Kennenlernphase zu Beginn einer Geschäftsbeziehung für Ihre Verhandlungspartner wichtig und notwendig ist.

■ Beispiel 2: Sommerferien

■ Situation

Frau Arnold lebt seit drei Jahren in Argentinien und schickt ihre Kinder dort zur Schule. Auf den Schulfesten vor den Sommerferien Anfang Dezember führt sie ihrer Meinung nach recht intensive Gespräche mit den anderen Eltern und versteht sich sehr gut mit ihnen. Als sie diese Eltern im März wiedertrifft, wird sie jedoch kaum begrüßt. Sie wird beispielsweise erneut nach ihrem Namen gefragt, als wenn sie neu in der Gruppe wäre. Frau Arnold empfindet es als ungewöhnlich, daß sie nach wenigen Wochen

behandelt wird, als hätten sie die Leute vorher nie gesehen. Sie ist über dieses Verhalten sehr enttäuscht und fühlt sich verletzt.
Wie erklären Sie sich die Situation?

- Lesen Sie nun die Antwortalternativen nacheinander durch.
- Bestimmen Sie den Erklärungswert jeder Antwortalternative für die gegebene Situation und kreuzen Sie ihn auf der darunter befindlichen Skala entsprechend an. Es ist möglich, daß mehrere Antwortalternativen den gleichen Erklärungswert besitzen.

■ Deutungen

a) Die argentinischen Eltern trauen sich nicht, auf die Deutsche direkt zuzugehen.

|⊥⊥⊥⊥⊥⊥⊥⊥⊥⊥|⊥⊥⊥⊥⊥⊥⊥⊥⊥⊥|⊥⊥⊥⊥⊥⊥⊥⊥⊥⊥|

sehr zutreffend   eher zutreffend   eher nicht zutreffend   nicht zutreffend

b) In Argentinien sind freundschaftliche Beziehungen weniger wichtig als verwandtschaftliche. Deshalb können Freundschaften auch schneller gelöst werden.

|⊥⊥⊥⊥⊥⊥⊥⊥⊥⊥|⊥⊥⊥⊥⊥⊥⊥⊥⊥⊥|⊥⊥⊥⊥⊥⊥⊥⊥⊥⊥|

sehr zutreffend   eher zutreffend   eher nicht zutreffend   nicht zutreffend

c) Die laut Frau Arnold »intensiven Gespräche« waren für die Argentinier eher eine Art belangloser Small talk, weshalb sie Frau Arnold auch nicht in Erinnerung behalten haben.

|⊥⊥⊥⊥⊥⊥⊥⊥⊥⊥|⊥⊥⊥⊥⊥⊥⊥⊥⊥⊥|⊥⊥⊥⊥⊥⊥⊥⊥⊥⊥|

sehr zutreffend   eher zutreffend   eher nicht zutreffend   nicht zutreffend

d) Argentinier nehmen schnell und unkompliziert Kontakt mit vielen Menschen auf, was dazu führen kann, daß Namen nicht immer behalten werden.

|⊥⊥⊥⊥⊥⊥⊥⊥⊥⊥|⊥⊥⊥⊥⊥⊥⊥⊥⊥⊥|⊥⊥⊥⊥⊥⊥⊥⊥⊥⊥|

sehr zutreffend   eher zutreffend   eher nicht zutreffend   nicht zutreffend

- Versuchen Sie, Ihre Einstufung jeder Antwortalternative zu begründen. Halten Sie die Begründung in schriftlicher Form stichpunktartig fest.
- Lesen Sie nun die Erläuterungen zu jeder Antwortalternative durch und vergleichen Sie diese mit Ihren eigenen Begründungen.

■ Bedeutungen

Erläuterung zu a):
Diese Antwort ist nicht zutreffend. Argentinier haben im allgemeinen keine Kontaktschwierigkeiten und begegnen vor allem Europäern sehr neugierig.

Erläuterung zu b):
Diese Erklärung trifft eher nicht zu. Zwar sind in Argentinien der Familienzusammenhalt und Verwandte sehr wichtig, es gibt jedoch sehr wohl langfristige und feste Freundschaften, die oft von der Schulzeit an ein Leben lang bestehen.

Erläuterung zu c):
Diese Antwort trifft am meisten zu. Aufgrund ihrer offenen Art sprechen Argentinier schon in der Kennenlernphase über Themen aus dem Privatbereich, die bei Deutschen erst nach längerer Bekanntheit angesprochen werden würden. Außerdem vermitteln die Argentinier Fremden schnell das Gefühl, als Bekannter oder Freund akzeptiert zu sein. Frau Arnold nimmt fälschlicherweise einen höheren Grad von Freundschaft an als dies die Argentinier tun. Ihre Erwartungen diesbezüglich werden jedoch enttäuscht.

Erläuterung zu d):
Diese Antwort trifft eher zu. Argentinier sind sehr kontaktfreudig und aufgeschlossen gegenüber fremden Personen und haben dementsprechend einen großen Kreis an Bekannten. Mit diesen Bekanntschaften unterhält man sich ab und zu, ohne jedoch damit eine festere Freundschaft zu verbinden. Die Eltern hatten in

den dreimonatigen Ferien mit einer so großen Anzahl von neuen Bekannten zu tun, daß es durchaus vorkommen kann, daß die Namen früherer Gesprächspartner nicht mehr erinnert werden.

- Beantworten Sie sich folgende Frage: Wie würden Sie sich in einer vergleichbaren Situation verhalten?
- Halten Sie Ihre Überlegungen stichpunktartig in schriftlicher Form fest.

■ Lösungsstrategie

In Argentinien begegnet man sich auch unter Fremden oder nur flüchtig Bekannten auf eine herzlichere und offenere Art und Weise als in Deutschland. Kontakt wird schnell hergestellt und es werden auch in der Anfangsphase einer Bekanntschaft Themen angesprochen, die Deutsche erst nach längerer Freundschaft anschneiden würden. Aufgrund der schnelleren Distanzreduktion kann bei Deutschen der Eindruck entstehen, daß sie mit Argentiniern gut befreundet sind, während sich für diese aus den persönlichen Gesprächen und dem freundschaftlichen Umgangston keine weiterreichenden Verpflichtungen ergeben.

Vorschläge, wie Sie in einer vergleichbaren Situation handeln könnten:

- Versuchen Sie, Ihre Erwartungen nicht zu hoch anzusetzen.
- Wenn Sie wirklich an einem Kontakt interessiert sind, sollten Sie direkt auf die Argentinier zugehen.

■ Beispiel 3: Zur Sache bitte

■ Situation

Der deutsche Ingenieur Herr Mandl, der seit einigen Monaten in Argentinien arbeitet, ist zu einem dienstlichen Gespräch mit seinem argentinischen Chef und einigen Kollegen eingeladen. Es geht um den Kauf und die Installation einer teuren Maschine. Die Besprechung dauert den ganzen Vormittag, doch weder der

Chef noch die Kollegen reden über die Maschine, Preise, und die Vorbereitungsmaßnahmen zur Installation. Sie reden über alles mögliche, die Atmosphäre ist gelöst, und sie genießen offensichtlich das Zusammensein. Bemerkungen von Herrn Mandl zum eigentlichen Besprechungsthema werden lächelnd aufgenommen, aber nicht aufgegriffen. Das Geplauder geht weiter, Herr Mandl wird ungeduldig und möchte gern endlich zur Sache kommen.

Wie erklären Sie sich die Situation?

- Lesen Sie nun die Antwortalternativen nacheinander durch.
- Bestimmen Sie den Erklärungswert jeder Antwortalternative für die gegebene Situation und kreuzen Sie ihn auf der darunter befindlichen Skala entsprechend an. Es ist möglich, daß mehrere Antwortalternativen den gleichen Erklärungswert besitzen.

■ Deutungen

a) Die Argentinier haben eigentlich gar kein Interesse an der Anschaffung dieser Maschine und sind deshalb nicht mit Ernst bei der Sache.

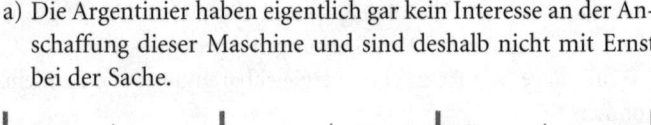

| sehr zutreffend | eher zutreffend | eher nicht zutreffend | nicht zutreffend |

b) Die Argentinier haben Zeit und nehmen sie sich auch.

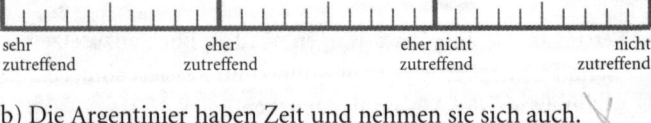

| sehr zutreffend | eher zutreffend | eher nicht zutreffend | nicht zutreffend |

c) Die Argentinier nehmen die Gelegenheit dieser Besprechung wahr, um den deutschen Kollegen besser kennenzulernen und etwas über dessen Kultur zu erfahren.

| sehr zutreffend | eher zutreffend | eher nicht zutreffend | nicht zutreffend |

d) In einer Besprechung wird auf Geselligkeit und eine persönliche Atmosphäre genausoviel Wert gelegt wie auf den Austausch von fachlichen Argumenten.

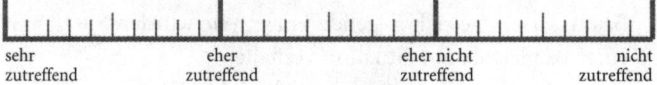

| sehr zutreffend | eher zutreffend | eher nicht zutreffend | nicht zutreffend |

- Versuchen Sie, Ihre Einstufung jeder Antwortalternative zu begründen. Halten Sie die Begründung in schriftlicher Form stichpunktartig fest.
- Lesen Sie nun die Erläuterungen zu jeder Antwortalternative durch und vergleichen Sie diese mit Ihren eigenen Begründungen.

■ Bedeutungen

Erläuterung zu a):
Diese Antwort trifft nicht zu. Eine ernste Arbeitsatmosphäre ist, im Gegensatz zu Deutschland, in Argentinien nicht unbedingt Voraussetzung für sachliche Besprechungen. Zielstrebiges und effektives Arbeiten findet dennoch statt, auch wenn dies von Deutschen oft nicht so wahrgenommen wird.

Erläuterung zu b):
Diese Erklärung trifft eher zu. Argentinier fühlen sich nicht als Sklaven, sondern als Herren ihrer Zeit und sind deshalb weniger von Zeitplänen unter Druck gesetzt.

Erläuterung zu c):
Diese Antwort trifft für die Erklärung dieser Situation eher nicht zu. Da Herr Mandl schon länger mit seinen argentinischen Kollegen zusammenarbeitet, ist davon auszugehen, daß ein persönliches Verhältnis bereits besteht. Wäre Herr Mandl neu in Argentinien, könnte diese Antwort jedoch zur Erklärung der Situation beitragen.

Erläuterung zu d):
Diese Erklärung ist richtig. In rein sachlichen Situationen spielt

die zwischenmenschliche Ebene eine große Rolle, und es herrscht ein lockerer Umgangston. Auch Witze sind erlaubt und tragen zu einer geselligen Atmosphäre bei.

- Beantworten Sie sich folgende Frage: Wie würden Sie sich in einer vergleichbaren Situation verhalten?
- Halten Sie Ihre Überlegungen stichpunktartig in schriftlicher Form fest.

■ Lösungsstrategie

In Argentinien herrscht, anders als in Deutschland, im Geschäftsleben ein beziehungsorientierter Kommunikationsstil vor. Das heißt, daß neben dem Austausch von Sachinformationen immer auch die Beziehungspflege eine große Rolle spielt. Gespräche über scheinbar belanglose Themen dienen der Herstellung einer angenehmen Atmosphäre. Man sollte sich deshalb jedoch nicht zu dem Schluß verleiten lassen, daß die Argentinier nicht mit Ernst bei der Sache wären: Informationsaustausch und Entscheidungen finden sehr wohl statt.

Vorschläge, wie Sie in einer vergleichbaren Situation handeln könnten:

- Haben Sie Geduld, und gehen Sie auf Ihre Geschäftspartner ein.
- Gehen Sie auch auf Ihrer Auffassung nach nebensächliche Gespräche ein, und steuern Sie erst langsam auf das Wesentliche zu, ohne zu drängen.
- Lassen Sie sich nicht täuschen von einer lockeren Besprechungsatmosphäre, Entscheidungen können trotzdem getroffen werden.
- Witze und lockeres Geplauder sind ein Bestandteil vieler Situationen, in denen es in Deutschland rein sachlich zugeht. Nutzen Sie diese Möglichkeit, um in persönlichen Kontakt zu treten.

■ Kulturelle Verankerung von Simpatía

Der argentinische Kulturstandard, der die vorangegangenen Situationen hauptsächlich erklärt, heißt *Simpatía*. Dieser Kulturstandard bezeichnet das Streben nach einer harmonischen Atmosphäre und den herzlichen, persönlichen Umgang miteinander, sowohl im Privat- als auch im Geschäftsleben.

Simpatía bedeutet, daß es für eine Person sehr wichtig ist, von anderen als »amable«, liebenswert, beliebt, attraktiv, unterhaltsam und unkompliziert wahrgenommen zu werden. Eine Person, die »simpático« ist, zeigt ein gewisses Maß an Konformität sowie die Fähigkeit, sich in die Gefühle anderer hineinzuversetzen, und bemüht sich um Harmonie in persönlichen Beziehungen. Dieses Harmoniebestreben impliziert eine generelle Vermeidung von persönlichen Konflikten. Argentinier sagen nur ungern »nein« und es besteht die Tendenz, positives Verhalten in Situationen zu betonen, während negative Aspekte eher vermieden beziehungsweise weniger thematisiert und verbalisiert werden. Sachliche Kritik wird somit aus Höflichkeit weniger direkt geäußert als das in Deutschland üblich ist und kann zudem leicht als persönlicher Angriff mißverstanden werden. Simpatía zeigt sich schon in der ersten Begegnung mit Argentiniern, denn ihre Kontaktfreudigkeit ist groß. Sie sind sehr offen, nehmen rasch Kontakt zu anderen Menschen auf und sind vor allem gegenüber Ausländern besonders aufgeschlossen, hilfsbereit und auch neugierig. Selbst wenn Argentinier sich nicht kennen, kommen sie sehr schnell miteinander ins Gespräch. Man könnte sagen, daß Deutsche einen Grund brauchen, um mit jemandem Kontakt aufzunehmen und ein Gespräch zu beginnen, während Argentinier einen Grund brauchen, um keinen Kontakt aufzunehmen. Durch ihre Herzlichkeit und ihr Temperament schaffen sie es, Distanz schnell zu reduzieren.

Wenn sich Argentinier sehr herzlich begrüßen, üblicherweise mit Küßchen, so scheint es für Deutsche als würden sich gute Freunde treffen. Für Deutsche ist es überraschend, daß sich Menschen so verhalten, wenn sie einander zum ersten Mal begegnen. Aus argentinischer Sicht jedoch begrüßen sich Deutsche untereinander stets als seien sie Fremde, selbst wenn sie Freunde sind.

Dieser Unterschied im Umgang mit interpersonaler Distanz zeigt sich auch in der Anrede. So duzt man sich in Argentinien meist, ohne daß zuvor zwangsläufig eine enge Beziehung aufgebaut werden muß. Sowohl in der Arbeit auf gleicher hierarchischer Stufe als auch mit unbekannten Personen gleichen Alters ist das Du selbstverständlich. Lediglich ältere unbekannte Personen siezt man anfänglich, doch geht man auch bald zur persönlichen »vos«-Form über, der nur im argentinischen Spanisch gebräuchlichen Du-Form.

Der sehr persönliche Umgang miteinander bedeutet jedoch nicht gleich, daß man eine Freundschaft aufgebaut hat. Freundschaften zwischen Argentiniern bestehen in der Regel schon seit Schulzeiten und werden langjährig gepflegt. Argentinier haben einen großen Bekanntenkreis, mit dem sie sich je nach momentaner emotionaler Verfassung durchaus auch über private Themen unterhalten, die in Deutschland oft nur unter Freunden besprochen werden würden. Diese scheinbare Vertrautheit miteinander kann bei Deutschen schnell zu Enttäuschungen führen. Deutsche glauben dann nämlich oft, daß bereits eine engere Freundschaft besteht, was aus der Sicht des Argentiniers jedoch nicht der Fall ist. Für die Argentinier sind diese Gespräche eher wie Small talk und dienen weniger dem Beziehungsaufbau als vielmehr der Kontaktaufnahme und -pflege.

Auch im beruflichen Bereich ist das Vorhandensein einer harmonischen, emotional warmen und freundschaftlichen Beziehung Voraussetzung für die berufliche Zielerreichung. Es gibt keine klare Trennung zwischen Geschäftlichem und Persönlichem, und ein persönliches, vertrauensvolles Klima ist wichtig. Ein beziehungsorientierter Kommunikationsstil überwiegt gegenüber einem sachorientierten. Vor allem für Deutsche ist die starke Betonung des Beziehungsaspekts gegenüber dem Sachaspekt in der Interaktion im geschäftlichen Bereich ungewohnt und verleitet dazu, die Argentinier in ihrer Arbeitsweise und Effizienz falsch einzuschätzen. Deutsche wirken dagegen oft unnahbar, steif, hart, humorlos, unhöflich und ruppig auf Argentinier.

Der erste Kontakt zwischen einander unbekannten Geschäftspartnern ist ebenfalls von einer freundlichen, höflichen und umeinander bemühten Umgangsweise geprägt. Es ist wichtig, Vertrauen herzustellen, welches aber unterschiedlich aufgebaut wird. Während in Deutschland Vertrauen zunächst auf der Grundlage von rationellen Faktoren wie Fachkompetenz, Pünktlichkeit und Verläßlichkeit gebildet wird, so schafft man in Argentinien Vertrauen anfangs eher auf einer persönlichen und emotionalen Ebene. Ziel ist es, Sympathie und eine persönliche Beziehung, die unbedingten Voraussetzungen für weitere Gespräche und Verhandlungen, herzustellen.

In einem Land, in dem nicht jeder über Versicherungsschutz verfügt und es keine überall gültigen und verläßlichen gesetzlichen Regelungen gibt, kann eine geschäftliche Fehlentscheidung fatale berufliche und persönliche Folgen haben. Der Schritt in den sozialen Abgrund ist oft nicht weit. Aufgrund mangelnder Rechtssicherheit können geschäftliche Verluste aufgrund von Verträgen kaum eingeklagt werden. Somit ist es wichtig, Geschäfte nur mit vertrauenswürdigen Partnern abzuschließen. Die in Deutschland als selbstverständlich empfundenen Sicherheiten (wie etwa Krankenversicherung oder Haftpflichtversicherung) sind keine Selbstverständlichkeit in Argentinien. Hier übernimmt die Familie die Funktion des sozialen Netzes. Die Notwendigkeit, Mißtrauen gegenüber Fremden abzubauen und einen persönlichen Kontakt und Vertrauen herzustellen, wird angesichts der beschriebenen Gegebenheiten verständlich.

Themenbereich 2:
Buena Presencia

Beispiel 4: Kaffee und Kuchen

Situation

Herr Berger bekommt von einer deutschen Firma für drei Jahre die Leitung einer Tochterfirma in Argentinien übertragen. Er zieht mit seiner Frau und seinen beiden Kindern nach Córdoba. Frau Berger, die in Argentinien nicht berufstätig sein kann, belegt Sprachkurse und versucht, im Sportverein mit argentinischen Frauen in Kontakt zu kommen. Sie lädt deshalb einige zu sich nach Hause ein, worüber sich die Argentinierinnen anscheinend sehr freuen. Sie verbringen einen Nachmittag bei Kaffee und Kuchen; die argentinischen Frauen sind sehr freundlich und äußern sich begeistert über Bergers schönes, großes Haus mit Swimmingpool. Nach ihrer Einladung erwartet Frau Berger, daß sie selbst nun auch einmal eingeladen wird. Es geschieht jedoch nichts dergleichen, worüber sie sehr enttäuscht ist.

Wie erklären Sie sich die Situation?

- Lesen Sie nun die Antwortalternativen nacheinander durch.
- Bestimmen Sie den Erklärungswert jeder Antwortalternative für die gegebene Situation und kreuzen Sie ihn auf der darunter befindlichen Skala entsprechend an. Es ist möglich, daß mehrere Antwortalternativen den gleichen Erklärungswert besitzen.

Deutungen

a) Die Argentinierinnen befürchten, daß ihre eigenen Häuser dem Standard von Frau Berger nicht entsprechen.

| sehr zutreffend | eher zutreffend | eher nicht zutreffend | nicht zutreffend |

b) Frau Berger ist den Argentinierinnen aus irgendeinem Grund unsympathisch, eventuell weil sie Ausländerin ist.

| sehr zutreffend | eher zutreffend | eher nicht zutreffend | nicht zutreffend |

c) Es ist unüblich, relativ unbekannte Personen zu sich nach Haus einzuladen. Um sich zu treffen werden öffentliche Lokale bevorzugt.

| sehr zutreffend | eher zutreffend | eher nicht zutreffend | nicht zutreffend |

d) Das Zeigen des Hauses wird als Angeberei empfunden, deshalb wollen die Argentinierinnen keine Gegeneinladung aussprechen.

| sehr zutreffend | eher zutreffend | eher nicht zutreffend | nicht zutreffend |

– Versuchen Sie, Ihre Einstufung jeder Antwortalternative zu begründen. Halten Sie die Begründung in schriftlicher Form stichpunktartig fest.
– Lesen Sie nun die Erläuterungen zu jeder Antwortalternative durch und vergleichen Sie diese mit Ihren eigenen Begründungen.

Bedeutungen

Erläuterung zu a):
Diese Antwort erklärt die Situation am besten. Das Repräsentieren hat eine große Bedeutung für Argentinier. Situationen der Minderwertigkeit werden nicht akzeptiert und als Blamage empfunden. Bei Einladungen ist es deswegen wichtig, welcher sozioökonomischen Schicht die Eingeladenen angehören. Die Argentinierinnen fühlen sich wahrscheinlich Frau Berger vom Status her unterlegen und scheuen sich, diese zu sich nach Hause einzuladen.

Erläuterung zu b):
Diese Erklärung ist nicht zutreffend, da Argentinier vor allem Ausländern aus Europa gegenüber sehr offen, hilfsbereit und herzlich eingestellt sind und sie schnell akzeptieren.

Erläuterung zu c):
Diese Antwort ist eher nicht zutreffend. Einladungen in das eigene Haus beschränken sich nicht nur auf Familienangehörige und enge Freunde.

Erläuterung zu d):
Diese Erklärung ist nicht zutreffend. Der Besitz eines schönen Hauses würde eher Bewunderung auslösen, anstatt als Angeberei bewertet zu werden.

- Beantworten Sie sich folgende Frage: Wie würden Sie sich in einer vergleichbaren Situation verhalten?
- Halten Sie Ihre Überlegungen stichpunktartig in schriftlicher Form fest.

Lösungsstrategie

Deutsche, die aus beruflichen Gründen in Argentinien leben, gehören fast automatisch der oberen Schicht an. Für viele Argentinier sind ein großes Haus, ein teures Auto und mehrere Dienstboten unerschwinglich. Da aber das Repräsentieren nach außen für Argentinier sehr wichtig ist, würden sie aus ihrer Sicht in eine Situation der Unterlegenheit geraten, wenn sie einen Vertreter einer höheren sozioökonomischen Schicht zu sich nach Hause einladen würden. Sie werden es deshalb vermeiden, eine Gegeneinladung auszusprechen und sich damit einem direkten Vergleich auszusetzen.

Vorschläge, wie Sie in einer vergleichbaren Situation handeln könnten:

- Sie können eine offizielle Einladung umgehen, indem Sie zu einem spontanen Besuch auffordern.
- Anstatt einer formellen Einladung ist es besser, beispielsweise zu einem Treffen in einem Café oder zu einer gemeinsamen Unternehmung einzuladen.
- Gehen Sie auf die Leute zu und ergreifen Sie die Initiative.

■ Beispiel 5: Der Jeep

■ Situation

Familie Zellner hält sich aus beruflichen Gründen für drei Jahre in Argentinien auf. Als Frau Zellner anfangs ihre Kinder zu Fuß in die Schule begleitet, fühlt sie sich von den anderen Eltern nicht so richtig beachtet. Später kommt sie dann mit einem geliehenen alten und schäbigen Wagen vorgefahren. Nun wird sie noch weniger beachtet; man spricht nicht mehr so viel mit ihr, und sie sinkt ihrem Empfinden nach in der Anerkennung ein paar Stufen nach unten. Einige Wochen später kommt sie mit ihrem neuen Jeep vorgefahren und nun wird sie hofiert. Ihrer Meinung nach hat aber nicht sie sich verändert, sondern nur ein äußeres Merkmal. Sie findet die Reaktion der Argentinier sehr unverständlich.

Wie erklären Sie sich die Situation?

- Lesen Sie nun die Antwortalternativen nacheinander durch.
- Bestimmen Sie den Erklärungswert jeder Antwortalternative für die gegebene Situation und kreuzen Sie ihn auf der darunter befindlichen Skala entsprechend an. Es ist möglich, daß mehrere Antwortalternativen den gleichen Erklärungswert besitzen.

■ Deutungen

a) In Argentinien haben Autos einen sehr hohen Stellenwert.

|⌊⌊⌊⌊⌊⌊⌊⌊⌊⌊|⌊⌊⌊⌊⌊⌊⌊⌊⌊⌊|⌊⌊⌊⌊⌊⌊⌊⌊⌊⌊|

sehr   eher   eher nicht   nicht
zutreffend   zutreffend   zutreffend   zutreffend

b) Die argentinischen Eltern kannten Frau Zellner mit der Zeit besser und waren deshalb freundlicher zu ihr.

|⌊⌊⌊⌊⌊⌊⌊⌊⌊⌊|⌊⌊⌊⌊⌊⌊⌊⌊⌊⌊|⌊⌊⌊⌊⌊⌊⌊⌊⌊⌊|

sehr   eher   eher nicht   nicht
zutreffend   zutreffend   zutreffend   zutreffend

c) In Argentinien ist das Zurschaustellen von Statussymbolen von großer Bedeutung.

|⌊⌊⌊⌊⌊⌊⌊⌊⌊⌊|⌊⌊⌊⌊⌊⌊⌊⌊⌊⌊|⌊⌊⌊⌊⌊⌊⌊⌊⌊⌊|

sehr   eher   eher nicht   nicht
zutreffend   zutreffend   zutreffend   zutreffend

d) Von einer deutschen Familie wird erwartet, daß sie einen bestimmten Lebensstandard hat und auch zeigt.

|⌊⌊⌊⌊⌊⌊⌊⌊⌊⌊|⌊⌊⌊⌊⌊⌊⌊⌊⌊⌊|⌊⌊⌊⌊⌊⌊⌊⌊⌊⌊|

sehr   eher   eher nicht   nicht
zutreffend   zutreffend   zutreffend   zutreffend

- Versuchen Sie, Ihre Einstufung jeder Antwortalternative zu begründen. Halten Sie die Begründung in schriftlicher Form stichpunktartig fest.
- Lesen Sie nun die Erläuterungen zu jeder Antwortalternative durch und vergleichen Sie diese mit Ihren eigenen Begründungen.

■ Bedeutungen

Erläuterung zu a):
Diese Erklärung beschreibt die Situation nicht zutreffend. Es ist nicht davon auszugehen, daß in Argentinien Autos einen höheren Stellenwert haben als in Deutschland.

Erläuterung zu b):
Diese Antwort erklärt die Situation nicht. Argentinier sind normalerweise sehr offene und herzliche Menschen und gerade europäischen Ausländern gegenüber sehr freundlich und das von Anfang an.

Erläuterung zu c):
Diese Erklärung beschreibt die Situation am besten. Das äußere Erscheinungsbild sowie das Zurschaustellen von Statussymbolen ist in gewissen Kreisen wichtig für die soziale Akzeptanz.

Erläuterung zu d):
Diese Antwort trifft eher zu. Argentinier haben ein sehr positives Deutschlandbild und sehen es als wohlhabendes und mächtiges Land. Deutsche genießen im allgemeinen in Argentinien hohes Ansehen, und es wird davon ausgegangen, daß sie sich einen gehobenen Lebensstandard leisten können. Die Situation wird jedoch von einer anderen Antwort besser erklärt.

- Beantworten Sie sich folgende Frage: Wie würden Sie sich in einer vergleichbaren Situation verhalten?
- Halten Sie Ihre Überlegungen stichpunktartig in schriftlicher Form fest.

■ Lösungsstrategie

Für Argentinier ist es sehr wichtig, nach außen hin etwas darzustellen und einen guten Eindruck zu hinterlassen, angefangen von einer tadellosen und eleganten Kleidung bis zu Statussymbolen wie etwa das Auto. Gerade von Vertretern einer höheren sozioökonomischen Schicht, wozu Deutsche im allgemeinen gerechnet werden, wird erwartet, daß sie Symbole ihres Wohlstands, ein großes Haus oder ein großes Auto, besitzen und auch zeigen. In einem Land, in dem die große Mehrheit der Bevölkerung ums tagtägliche Überleben kämpft, ist es sicher auch verständlich, wenn Symbolen von Reichtum und Besitz eine größere Bewunderung entgegengebracht wird.

Vorschläge, wie Sie in einer vergleichbaren Situation handeln könnten:

- Achten Sie mehr als in Deutschland darauf, was Sie nach außen hin repräsentieren.

■ Beispiel 6: Die Schönheitsoperation

■ Situation

Die deutsche Ingenieurin Frau Grünwald hat die Leitung eines Projekts in Argentinien übernommen und lebt seit sechs Monaten dort. Sie hat ein gutes Verhältnis zu ihrer Nachbarin Señorita Fuente. Diese ist Anfang zwanzig und will nach Beendigung ihres Studiums Karriere machen. Sie erzählt Frau Grünwald, daß sie deshalb auf eine Schönheitsoperation spart. Viele ihrer Freundinnen hätten sich auch schon operieren lassen. Frau Grünwald ist darüber sehr erstaunt, da sie weiß, daß Señorita Fuente nur so viel Geld zur Verfügung hat, um gerade davon leben zu können. Für sie ist es außerdem unverständlich, daß sich in Argentinien viele junge Frauen ohne medizinischen Grund operieren lassen.

Wie erklären Sie sich die Situation?

- Lesen Sie nun die Antwortalternativen nacheinander durch.
- Bestimmen Sie den Erklärungswert jeder Antwortalternative für die gegebene Situation und kreuzen Sie ihn auf der darunter befindlichen Skala entsprechend an. Es ist möglich, daß mehrere Antwortalternativen den gleichen Erklärungswert besitzen.

■ Deutungen

a) Señorita Fuente weiß, daß für beruflichen und privaten Erfolg gutes Aussehen in Argentinien von großer Bedeutung ist.

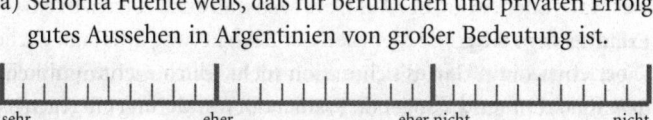

sehr zutreffend   eher zutreffend   eher nicht zutreffend   nicht zutreffend

b) Señorita Fuente ist nicht sehr attraktiv und deshalb mit sich unzufrieden.

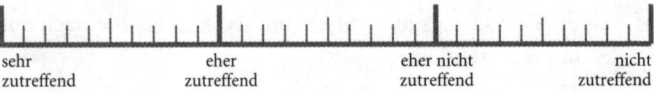

| sehr zutreffend | eher zutreffend | eher nicht zutreffend | nicht zutreffend |

c) Argentinier können mit ihrem Geld nicht umgehen und geben es häufig für unnötige Zwecke aus.

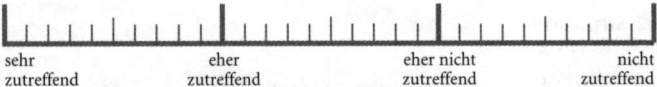

| sehr zutreffend | eher zutreffend | eher nicht zutreffend | nicht zutreffend |

d) Der soziale Druck ist in Argentinien sehr hoch, und deshalb möchte Señorita Fuente mit ihren Freundinnen mithalten.

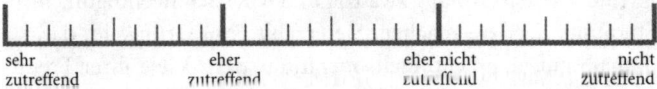

| sehr zutreffend | eher zutreffend | eher nicht zutreffend | nicht zutreffend |

- Versuchen Sie, Ihre Einstufung jeder Antwortalternative zu begründen. Halten Sie die Begründung in schriftlicher Form stichpunktartig fest.
- Lesen Sie nun die Erläuterungen zu jeder Antwortalternative durch und vergleichen Sie diese mit Ihren eigenen Begründungen.

■ Bedeutungen

Erläuterung zu a):
Diese Erklärung beschreibt die Situation am besten. Ein ansehnliches äußeres Erscheinungsbild ist gerade für Frauen eine Voraussetzung für Erfolg im Berufs- und Privatleben. Selbst wenn die finanziellen Mittel beschränkt sind, werden hohe Ausgaben dafür nicht gescheut.

Erläuterung zu b):
Diese Antwort erklärt die Situation nicht. Es ist nicht unüblich, daß auch sehr gut aussehende Frauen operative Eingriffe vornehmen lassen, wie etwa Fett absaugen oder Nasenoperationen.

Erläuterung zu c):
Diese Erklärung beschreibt die Situation nicht. In Argentinien werden die Ausgaben für eine Schönheitsoperation nicht für unnötig gehalten, da gutes Aussehen die beruflichen Chancen verbessern kann. Das ausgegebene Geld wird somit als Investition in die Zukunft angesehen, wohingegen Schönheitsoperationen in Deutschland als Verrücktheit und Geldverschwendung belächelt werden.

Erläuterung zu d):
Diese Antwort trifft eher zu. Operative Eingriffe sind gesellschaftlich akzeptiert und gelten als gängige Maßnahme, das eigene Aussehen zu verbessern, ähnlich wie der Kauf von schönen Kleidern und Kosmetika.

- Beantworten Sie sich folgende Frage: Wie würden Sie sich in einer vergleichbaren Situation verhalten?
- Halten Sie Ihre Überlegungen stichpunktartig in schriftlicher Form fest.

■ Lösungsstrategie

In Argentinien ist ein gutes Erscheinungsbild für Erfolg im beruflichen und privaten Bereich sehr wichtig. Während in Deutschland Schönheitsoperationen in weiten Bevölkerungskreisen noch sehr wenig verbreitet sind, sind sie in Argentinien auch gerade unter jungen Frauen gang und gäbe. Diese Art operativer Eingriffe ist sozial akzeptiert, und es wird offen darüber gesprochen, daß man beispielsweise gerade auf eine Nasenoperation spart oder sich baldmöglichst Fett absaugen lassen will.

■ Kulturelle Verankerung von »Buena Presencia«

Der argentinische Kulturstandard, der die vorangegangenen Situationen hauptsächlich erklärt, heißt *Buena Presencia*: Dieser Kulturstandard bedeutet, daß für Argentinier das Präsentieren der eigenen Person wesentlich ist und deshalb auf das äußere Erscheinungsbild großer Wert gelegt wird.

Damit verbunden ist die hohe Wertigkeit der äußeren Erscheinung, der »Buena Presencia«. Ein gepflegtes Erscheinungsbild, vom Aktenkoffer bis zu den Schuhen, ist unerläßlich für geschäftliche Anerkennung. Der leger gekleidete Manager in Jeans ist nicht »in«, genauso wenig wie Shorts bei der Arbeit. Auf schicke Kleidung und gutes Aussehen wird großen Wert gelegt. Schlecht gekleidet geht nur, wer sich nichts besseres leisten kann. Das Ansehen einer Person ist abhängig von äußeren Faktoren wie Kleidung, Auto oder Haus. Gerade für Frauen ist das äußere Erscheinungsbild besonders wichtig. Sie leben unter der Tyrannei von Waage und Spiegel. Ziel ist die perfekte Frauenhülle. Zahlreiche Schönheitsoperationen und die fast schon manische Bewunderung von Schlankheit drücken dies aus. Dicksein ist ein Synonym für Häßlichkeit. Selbst der frühere Staatspräsident Ménem hat sich mehreren Schönheitsoperationen unterzogen.

Das Repräsentieren nach außen spiegelt sich auch in der Architektur der Häuser wider. Der repräsentative Teil, früher das Herrenzimmer genannt, ist meist unverhältnismäßig groß im Vergleich zum Alltagswohnbereich. Es existiert eine bewußte Trennung von zu repräsentierender Außenwelt und Privatsphäre, die nur guten Bekannten und der Familie zugänglich ist. Der Argentinier ist sehr kontaktfreudig, aber sein Zuhause ist ihm heilig und nicht ohne weiteres für Fremde zugänglich. Situationen der Minderwertigkeit werden nicht akzeptiert und als Blamage empfunden. Hat man ein verhältnismäßig bescheiden ausgestattetes Haus im Vergleich zu den Nachbarn oder Freunden, wird eine Bloßstellung vermieden.

Zu beachten ist, daß deutsche Familien sich in der Regel in Argentinien einen Lebensstandard leisten können, der über dem der argentinischen Durchschnittsfamilie liegt. Somit ergibt sich aus argentinischer Sicht eine Unbehagen oder gar Neid auslösende Situation, die Mißverständnisse hervorbringen kann.

Die Ursprünge dieses Kulturstandards liegen wohl darin begründet, daß es in gemeinschaftlich orientierten Kulturen wie Argentinien, in denen persönliche Beziehungen einen sehr hohen Stellenwert haben (vgl. »Simpatía«), sehr wichtig ist, ein gutes

Bild vor den Mitmenschen abzugeben und stets würdevoll aufzutreten. Eine derartige Orientierung auf andere hin bringt auch ein gewissen Maß an Konformität und Druck zur Anpassung mit sich.

Ein weiterer Grund könnte sein, daß Argentinien als früher reiche Nation und heute wiederaufstrebendes Schwellenland ein großes Bedürfnis hatte und hat von der »Ersten Welt« anerkannt zu werden und nach außen etwas darzustellen.

■ Themenbereich 3: Hierarchieorientierung

■ Beispiel 7: Die Belüftungsanlage

■ Situation

Robert studiert in Deutschland Maschinenbau und absolviert in Argentinien ein dreimonatiges Praktikum bei einer argentinischen Baufirma. Er wird gebeten, für den Bau einer Diskothek die Belüftungsanlagen zu entwerfen. Nachdem Robert seine Planungsunterlagen abgeliefert hat, entscheidet sich der Chef der Baufirma aus Kostengründen dafür, nur Ventilatoren anzubringen. Dieses Vorhaben schätzt Robert als völlig nutzlos ein. Er versucht, seinen Chef mit fachlichen Argumenten zu überzeugen. Dieser hört jedoch nicht auf ihn und argumentiert, die Ventilatoren seien viel kostengünstiger. Robert fühlt sich übergangen und ist verärgert, daß seine fachlich berechtigten Einwände ignoriert werden. Er versteht das Verhalten seines Chefs nicht und hätte wenigstens eine Erklärung erwartet, warum dieser sich so entschieden hat. Nach Roberts Ansicht nützen kostengünstige Ventilatoren nichts, wenn sie gar nicht ausreichend funktionieren.

Wie erklären Sie sich diese Situation?

- Lesen Sie nun die Antwortalternativen nacheinander durch.
- Bestimmen Sie den Erklärungswert jeder Antwortalternative für die gegebene Situation und kreuzen Sie ihn auf der darunter befindlichen Skala entsprechend an. Es ist möglich, daß mehrere Antwortalternativen den gleichen Erklärungswert besitzen.

Deutungen

a) Argentinier sind skeptisch gegenüber deutscher Technik, die sie nicht kennen, und wollen daher lieber auf bekannte Möglichkeiten, wie etwa Ventilatoren, zurückgreifen, bevor sie kostspielige Anschaffungen riskieren, über deren Nutzen sie sich unsicher sind.

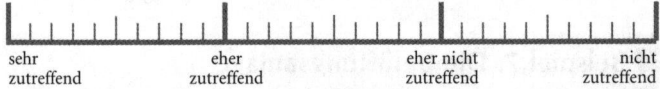

| sehr zutreffend | eher zutreffend | eher nicht zutreffend | nicht zutreffend |

b) Im Moment liegt der Vorteil der Ventilatoren auf der Hand, da sie billiger sind. Die Tatsache, daß der Einbau von Ventilatoren auf lange Sicht wenig sinnvoll ist, fällt in hier nicht ins Gewicht, da die Zukunft für die Entscheidungsfindung ausgeklammert bleibt.

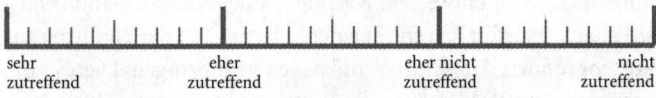

| sehr zutreffend | eher zutreffend | eher nicht zutreffend | nicht zutreffend |

c) Robert ist als Praktikant seinem Chef untergeordnet und wird deshalb nicht in die Entscheidungsfindung mit einbezogen.

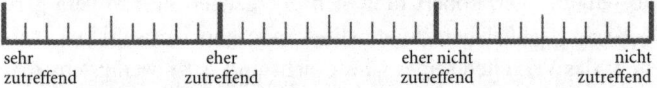

| sehr zutreffend | eher zutreffend | eher nicht zutreffend | nicht zutreffend |

d) Robert war wenig diplomatisch und maßt sich eine Überlegenheit an, die ihm als Praktikant nicht zusteht.

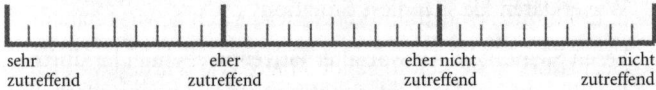

| sehr zutreffend | eher zutreffend | eher nicht zutreffend | nicht zutreffend |

- Versuchen Sie, Ihre Einstufung jeder Antwortalternative zu begründen. Halten Sie die Begründung in schriftlicher Form stichpunktartig fest.
- Lesen Sie nun die Erläuterungen zu jeder Antwortalternative durch und vergleichen Sie diese mit Ihren eigenen Begründungen.

Bedeutungen

Erläuterung zu a):
Diese Erklärung trifft nicht zu. Argentinier sind neuester Technologie gegenüber sehr aufgeschlossen und würden sich nicht davor scheuen, diese anzuschaffen, wenn sie die nötigen Mittel dafür aufbringen können.

Erläuterung zu b):
Diese Antwort trifft eher nicht zu. Zwar sind die Argentinier sehr gegenwartsorientiert; in diesem Fall dürften jedoch andere Gründe bei der Entscheidung des Chefs eine größere Rolle gespielt haben. Während in Deutschland die Installation einer Belüftungsanlage bis ins kleinste Detail gesetzlichen Vorschriften unterliegt, sind solche Dinge in Argentinien weniger strikt geregelt. Somit entsteht ein größerer Spielraum für die Entscheidung.

Erläuterung zu c):
Diese Erklärung trifft am meisten zu. Bei fachlichen Entscheidungen spielen nicht nur sachliche und logische Argumente eine Rolle, sondern auch persönliche Faktoren wie Stellung in der Hierarchie und Beziehungen.

Erläuterung zu d):
Diese Antwort trifft eher zu. Es ist durchaus möglich, daß Robert, wie es in Deutschland üblich ist, sehr direkt in seiner Kritik war und seinem Chef nicht genügend das Gefühl vermittelt hat, dessen fachliche Kompetenz und persönliche Position anzuerkennen. Er könnte arrogant und besserwisserisch gewirkt haben.

- Beantworten Sie sich folgende Frage: Wie würden Sie sich in einer vergleichbaren Situation verhalten?
- Halten Sie Ihre Überlegungen stichpunktartig in schriftlicher Form fest.

Lösungsstrategie

Der lockere und freundschaftliche Umgangston, der unter Mitarbeitern einer Firma vorherrscht, kann manchen Deutschen darüber hinwegtäuschen, daß starke Hierarchieunterschiede bestehen, die beachtet werden müssen. Auch wenn Vorgesetzte geduzt und mit Vornamen angeredet werden, so sind sie sich doch ihrer Stellung bewußt, und die Entscheidungsmacht liegt allein bei ihnen. Kritik an ihnen ist nur auf sehr indirekte Weise angebracht.

Vorschläge, wie Sie in einer vergleichbaren Situation handeln könnten:

- Falls Sie als Praktikant oder in einer anderen untergeordneten Position in einer Firma tätig sein sollten: Vergessen Sie nicht, daß Sie auf einer verhältnismäßig niedrigen hierarchischen Stufe stehen und nur sehr begrenzt Verantwortung übertragen bekommen.
- Berücksichtigen Sie, daß auf argentinischer Seite Bedenken, die Ihnen nicht bekannt sind oder nicht offengelegt werden, den Handlungsspielraum begrenzen. Es können auch Einwände sein, die in Deutschland vielleicht kein Hindernis darstellen würden.
- Versuchen Sie, die wirklichen Motive des Vorgesetzten herauszufinden (z. B. finanzielle Probleme).
- Tragen Sie Kritik mit äußerster Sensibilität vor, damit das Gesicht des Vorgesetzten gewahrt bleibt.
- Bringen Sie Einzelheiten so vor, daß dem Vorgesetzten ein möglichst hohes Maß an Entscheidungsfreiheit bleibt. Versuchen Sie weniger, den anderen von Ihrer eigenen Position überzeugen zu wollen, sondern liefern Sie lieber Vorschläge.

Beispiel 8: Die Reinigung

Situation

Frau Hübner hat eine Bluse in eine Reinigung gebracht und will sie nun wieder abholen. Sie sieht, daß immer noch Flecken auf der Bluse sind und möchte, daß sie noch einmal gereinigt wird. Nach einer Diskussion darüber, ob sie bezahlen muß oder nicht, einigt man sich darauf, das Kleidungsstück noch einmal umsonst zu reinigen. Als sie die Bluse erneut abholen will, sind jedoch neue Reinigungsflecken auf der Kleidung, und die Bluse ist ruiniert. Frau Hübner fordert, daß ihr das Geld für die Bluse unter Vorlage des Kaufbelegs erstattet wird. Diese Entscheidung kann aber keiner der Angestellten übernehmen, und die Besitzerin der Reinigung ist in diesem Augenblick gerade nicht anwesend. Frau Hübner hat das Gefühl, daß hier gemauert wird und ist sehr verärgert über dieses Verhalten.

Wie erklären Sie sich diese Situation?

- Lesen Sie nun die Antwortalternativen nacheinander durch.
- Bestimmen Sie den Erklärungswert jeder Antwortalternative für die gegebene Situation und kreuzen Sie ihn auf der darunter befindlichen Skala entsprechend an. Es ist möglich, daß mehrere Antwortalternativen den gleichen Erklärungswert besitzen.

■ Deutungen

a) Die Erstattung des Schadens ist abhängig von der Seriösität des Unternehmens, da gesetzliche Regelungen weniger streng sind als in Deutschland.

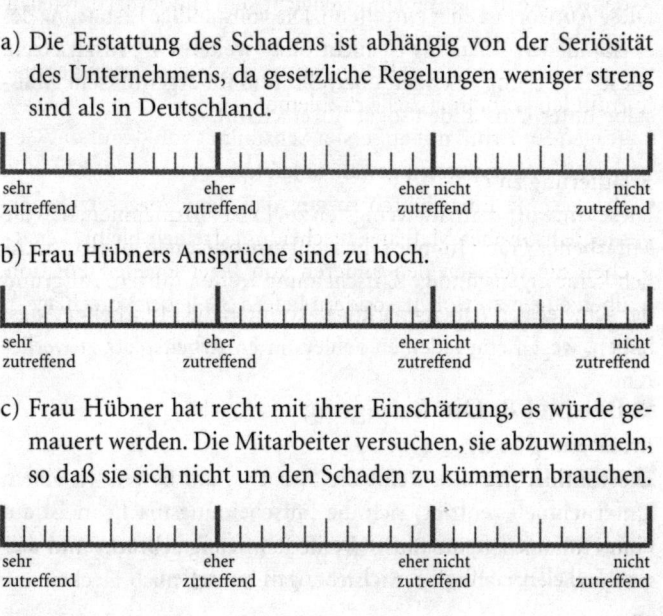

b) Frau Hübners Ansprüche sind zu hoch.

c) Frau Hübner hat recht mit ihrer Einschätzung, es würde gemauert werden. Die Mitarbeiter versuchen, sie abzuwimmeln, so daß sie sich nicht um den Schaden zu kümmern brauchen.

d) Die Angestellten haben keine Entscheidungsbefugnis.

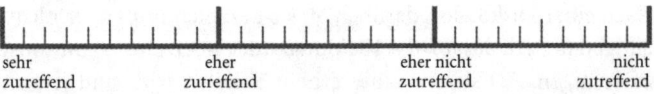

| sehr | eher | eher nicht | nicht |
| zutreffend | zutreffend | zutreffend | zutreffend |

- Versuchen Sie, Ihre Einstufung jeder Antwortalternative zu begründen. Halten Sie die Begründung in schriftlicher Form stichpunktartig fest.
- Lesen Sie nun die Erläuterungen zu jeder Antwortalternative durch und vergleichen Sie diese mit Ihren eigenen Begründungen.

■ **Bedeutungen**

Erläuterung zu a):
Diese Erklärung trifft eher zu. In Argentinien ist nicht wie in Deutschland alles bis ins Detail gesetzlich geregelt. Die Erstattung des Schadens ist abhängig von der Kulanz des Unternehmens.

Erläuterung zu b):
Diese Antwort ist eher zutreffend. Die vollständige Erstattung des entstandenen Schadens ist nicht ohne weiteres vorauszusetzen. Diese Forderung erscheint überhöht und für argentinische Maßstäbe unter Umständen sogar unverschämt.

Erläuterung zu c):
Diese Antwort trifft am wenigsten zu. Es ist anzunehmen, daß die Mitarbeiter Frau Hübner sehr wohl ernst nehmen, aber tatsächlich keine eigenständige Entscheidung treffen dürfen. Aufgrund der schwierigen Arbeitsmarktlage könnten die Mitarbeiter Angst haben, wegen eines kleinen Fehlers ihren Arbeitsplatz zu verlieren.

Erläuterung zu d):
Diese Erklärung beschreibt die Situation am besten. In einem Unternehmen zentriert sich die Entscheidungsmacht meist auf einige wenige Personen. Die Besitzerin der Reinigung ist in diesem Fall allein befugt, Entscheidungen zu treffen.

- Beantworten Sie sich folgende Frage: Wie würden Sie sich in einer vergleichbaren Situation verhalten?
- Halten Sie Ihre Überlegungen stichpunktartig in schriftlicher Form fest.

■ Lösungsstrategie

In Argentinien bestehen im allgemeinen größere Hierarchieunterschiede als in Deutschland, und die Entscheidungsmacht konzentriert sich in der Regel auf eine oder einige Personen, während den Angestellten weniger eigenständige Arbeitsausführung und Verantwortung zugestanden werden.

Vorschläge, wie Sie in einer vergleichbaren Situation handeln könnten:

- Bestehen Sie mit viel Geduld darauf, mit dem Besitzer zu sprechen, und erwarten Sie von den Angestellten keine Entscheidung.
- Informieren Sie sich in wichtigen Fällen vorher über die Geschäftsbedingungen und wählen Sie eine seriöse Firma aus. Zur Beurteilung der Seriosität könnten Sie argentinische Freunde zu Rate ziehen, die das Unternehmen bereits länger kennen. Doch auch Argentinier sind vor schlechten Erfahrungen nicht gefeit. Insgesamt ist ein höheres Maß an Vorsicht bei geschäftlichen Abschlüssen angebracht, als dies in Deutschland nötig ist.

■ Beispiel 9: Ist doch logisch?

■ Situation

Der Bauingenieurstudent Andreas absolviert ein sechsmonatiges Praktikum in einer argentinischen Firma. Er ist zwei Vorgesetzten, den Ingenieuren Señor Gonzalez und Señor Rodriguez, direkt unterstellt. Für die Berechnung des Wärmebedarfs eines Bauprojekts liefert er Señor Gonzalez Werte, die dieser in ein

Computerprogramm eingibt. Die berechneten Größen sind jedoch am Ende völlig falsch und entbehren jeder Logik. Andreas weiß, daß seine Werte stimmen und stellt fest, daß die vorher von Señor Gonzalez eingegebenen Parameter Grund für die falsche Berechnung sind. Er versucht, Señor Gonzalez dies zu verstehen zu geben. Dieser reagiert jedoch nicht darauf, da er sehr stolz auf sein Computerprogramm ist. Er verkauft seine Berechnungen auch problemlos, da die Kunden von der Materie nicht viel verstehen. Als Andreas sich an den anderen Vorgesetzten, Señor Rodriguez, wendet, zeigt dieser zwar Verständnis und gibt zu, daß die Berechnung falsch ist, aber er läßt trotzdem alles weiterlaufen wie bisher. Andreas ärgert sich darüber und denkt, mit solchen Kollegen auf Dauer nicht arbeiten zu können.

Wie erklären Sie sich die Situation?

- Lesen Sie nun die Antwortalternativen nacheinander durch.
- Bestimmen Sie den Erklärungswert jeder Antwortalternative für die gegebene Situation und kreuzen Sie ihn auf der darunter befindlichen Skala entsprechend an. Es ist möglich, daß mehrere Antwortalternativen den gleichen Erklärungswert besitzen.

■ Deutungen

a) Argentinier sind sehr harmoniebedürftig. Um Streit zu vermeiden, will keiner den anderen kritisieren.

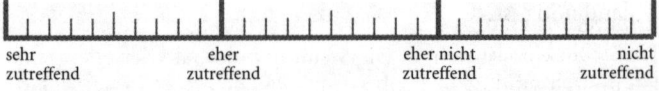

sehr zutreffend   eher zutreffend   eher nicht zutreffend   nicht zutreffend

b) Der Chef kann dem Praktikanten gegenüber keine Fehler zugeben, da er in der Hierarchie höher steht.

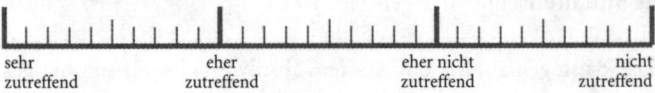

sehr zutreffend   eher zutreffend   eher nicht zutreffend   nicht zutreffend

c) Andreas erscheint als »Besserwisser«. Kritik eines Ausländers kann unter Umständen als Eingriff in die eigene Autonomie gewertet werden.

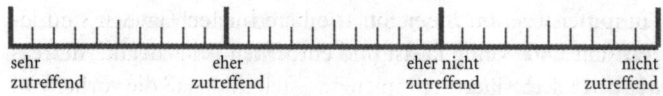

| sehr | eher | eher nicht | nicht |
| zutreffend | zutreffend | zutreffend | zutreffend |

d) Señor Gonzalez empfindet die fachliche Kritik als persönlichen Angriff und geht deshalb nicht auf seine Einwände ein, da damit ein Gesichtsverlust verbunden wäre.

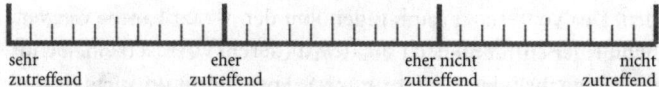

| sehr | eher | eher nicht | nicht |
| zutreffend | zutreffend | zutreffend | zutreffend |

– Versuchen Sie, Ihre Einstufung jeder Antwortalternative zu begründen. Halten Sie die Begründung in schriftlicher Form stichpunktartig fest.
– Lesen Sie nun die Erläuterungen zu jeder Antwortalternative durch und vergleichen Sie diese mit Ihren eigenen Begründungen.

■ Bedeutungen

Erläuterung zu a):
Für diese Situation ist diese Antwort eher nicht zutreffend. Es ist zwar richtig, daß Kritik in Argentinien weniger direkt geäußert wird als in Deutschland, Argentinier vertreten aber trotzdem ihren Standpunkt.

Erläuterung zu b):
Diese Antwort ist richtig. Die Stellung innerhalb der Hierarchie hat großen Einfluß auch auf fachliche Fragen. Es gibt in Argentinien deutlichere Hierarchiestrukturen als in Deutschland, die dem Chef große Macht verleihen, und den Praktikanten so stellen, daß er wenig zu sagen hat. Kritik am Vorgesetzten seitens eines Praktikanten ist inakzeptabel, auch wenn er möglicherweise Recht hat.

Erläuterung zu c):
Diese Erklärung trifft eher nicht zu. Deutsche erscheinen zwar wegen ihrer direkten Art zu kritisieren auch in Argentinien als

»Besserwisser«. In dieser Situation sind jedoch andere Gründe plausibler, da Señor Rodriguez ebenfalls weiß, daß die Berechnungen falsch sind.

Erläuterung zu d):
Diese Erklärung trifft ebenfalls zu. Fachliche Fragen sind immer mit Rangordnungen und einer persönlichen Dimension verbunden. Der Vorgesetzte kann gegenüber dem Praktikanten nicht einen Fehler einräumen, da ihm sonst Gesichtsverlust drohen würde. Möglicherweise unternimmt Señor Rodriguez nichts gegen die Fehler seinen Kollegen, um dessen Position nicht zu beschädigen und um sich nicht in seinen Arbeitsbereich einzumischen.

- Beantworten Sie sich folgende Frage: Wie würden Sie sich in einer vergleichbaren Situation verhalten?
- Halten Sie Ihre Überlegungen stichpunktartig in schriftlicher Form fest.

■ Lösungsstrategie

Auf Grund größerer Hierarchieunterschiede und der uneingeschränkten Autorität, die ein Chef in Argentinien hat, wäre es für ihn undenkbar, einem Untergebenen gegenüber Fehler einzugestehen. Kritik am Vorgesetzten kann nur auf sehr indirekte Art und Weise ausgeübt werden, und es sollte für die Führungskraft die Möglichkeit bestehen, darauf ohne Gesichtsverlust einzugehen.

Da in Argentinien eine hohe Arbeitslosigkeit herrscht und nur mangelnder Kündigungsschutz besteht, ist auch die Abhängigkeit vom jeweiligen Vorgesetzten höher. Dies mag ein weiterer Grund dafür sein, warum Argentinier sich scheuen, ihren Chef direkt zu kritisieren.

Vorschläge, wie Sie in einer vergleichbaren Situation handeln könnten:

- Bauen Sie eine gute persönliche Beziehung zu Ihrem Vorgesetzten auf.
- Versuchen Sie, auf informellen Wegen Einfluß zu nehmen.
- Bringen Sie Vorschläge so vor, daß sie nicht als Kritik wirken

und dazu führen, den Vorgesetzte zum Einräumen von Fehlern zu nötigen.
- Fakten allein überzeugen in Argentinien niemanden! Persönliche Glaubwürdigkeit ist mindestens so wichtig wie objektive Daten.
- Bedenken Sie auch, daß Praktikanten einen sehr niedrigen Status haben und ihre Meinung aufgrund der Hierarchieunterschiede relativ unbedeutend ist.

■ Beispiel 10: Ideen

■ Situation

Herr Schmidt ist Mitarbeiter einer einheimischen Firma in Argentinien und wird von seinem Chef, Señor Velez, um seine Meinung zu einer wichtigen Entscheidung gebeten. Señor Velez erscheint sehr interessiert an den Ideen von Herrn Schmidt. Sie diskutieren ausführlich darüber, und Herr Schmidt wird für seine guten Einfälle gelobt. Später bei der Ausführung des Projekts nimmt der Vorgesetzte jedoch keine Rücksicht auf die Beiträge von Herrn Schmidt, sondern realisiert nur seine eigenen Ideen. Herr Schmidt fühlt sich übergangen und fragt sich, warum Señor Velez ihn zuvor überhaupt um seine Meinung gefragt hat.

Wie erklären Sie sich die Situation?

- Lesen Sie nun die Antwortalternativen nacheinander durch.
- Bestimmen Sie den Erklärungswert jeder Antwortalternative für die gegebene Situation und kreuzen Sie ihn auf der darunter befindlichen Skala entsprechend an. Es ist möglich, daß mehrere Antwortalternativen den gleichen Erklärungswert besitzen.

■ Deutungen

a) Die Ideen des Mitarbeiters werden nur aus Höflichkeit erfragt, ohne daß sie später berücksichtigt werden.

sehr zutreffend	eher zutreffend	eher nicht zutreffend	nicht zutreffend

b) Die Unternehmenskultur verbietet das Zugeständnis, auf den Rat eines »Gastarbeiters« zu hören.

sehr zutreffend	eher zutreffend	eher nicht zutreffend	nicht zutreffend

c) Die Entscheidungsbefugnis liegt beim Chef und es ist üblich, daß dieser Entscheidungen allein trifft und die Ideen seiner Mitarbeiter nicht automatisch mit einbezieht.

sehr zutreffend	eher zutreffend	eher nicht zutreffend	nicht zutreffend

d) Der Vorgesetzte befürchtet, Herr Schmidt könne ihn durch seine guten Ideen von seinem Posten verdrängen. Deshalb berücksichtigt er seine Vorschläge nicht.

sehr zutreffend	eher zutreffend	eher nicht zutreffend	nicht zutreffend

- Versuchen Sie, Ihre Einstufung jeder Antwortalternative zu begründen. Halten Sie die Begründung in schriftlicher Form stichpunktartig fest.
- Lesen Sie nun die Erläuterungen zu jeder Antwortalternative durch und vergleichen Sie diese mit Ihren eigenen Begründungen.

■ Bedeutungen

Erläuterung zu a):
Diese Erklärung ist eher zutreffend. Es kann durchaus sein, daß die Entscheidung schon vor dem Gespräch feststand und durch die Diskussion kollegial legitimiert werden sollte. Der Chef holt die Meinung von Herrn Schmidt aus höflichem Interesse ein.

Erläuterung zu b):
Diese Erklärung trifft eher nicht zu. Das Fachwissen eines Deutschen wird in der Regel geschätzt, sofern er den Argentiniern nicht das Gefühl vermittelt, sie von oben herab zu behandeln. Voraussetzung für eine fachliche Zusammenarbeit ist immer eine gute persönliche Basis.

Erläuterung zu c):
Diese Antwort beschreibt die Situation am besten. In Argentinien existieren starke hierarchische Strukturen, die die Entscheidungsmacht allein auf die Person des Vorgesetzten konzentrieren. Ein partizipativer Führungsstil ist kaum zu finden. Entscheidungen gemeinsam mit Mitarbeitern zu treffen, kann unter Umständen sogar als Schwäche der jeweiligen Führungskraft ausgelegt werden.

Erläuterung zu d):
Diese Erklärung trifft eher nicht zu. Es ist jedoch nicht vollkommen auszuschließen, daß Señor Velez die Ideen von Herrn Schmidt aus diesem Grund nicht berücksichtigt. Die schlechte Arbeitsmarktlage bringt einen Wettkampf um jede Stelle mit sich. Die Situation läßt sich durch eine andere Antwort aber besser erklären.

- Beantworten Sie sich folgende Frage: Wie würden Sie sich in einer vergleichbaren Situation verhalten?
- Halten Sie Ihre Überlegungen stichpunktartig in schriftlicher Form fest.

■ Lösungsstrategie

In Argentinien ist es nicht üblich, Verantwortung an Untergebene zu delegieren und diese selbständig Entscheidungen treffen zu lassen. Die letztendliche Entscheidungsmacht liegt allein beim Vorgesetzten, dieser muß dann aber auch dafür einstehen.

Der Vorgesetzte kann zwar die Ideen und Meinungen seiner Mitarbeiter einholen, er fühlt sich aber nicht verpflichtet, diese bei seinen Entscheidungen zu berücksichtigen. Was in Deutschland so empfunden wird, als würde sich der Chef über seine Untergebenen hinwegsetzen, ist in Argentinien selbstverständlich akzeptiert. Der Chef ist der Chef und seine Autorität wird nicht in Frage gestellt. Im Gegenteil würde es als Führungsschwäche angesehen werden, würde der Vorgesetzte sich zu sehr auf den Rat seiner Mitarbeiter verlassen.

Vorschläge, wie Sie in einer vergleichbaren Situation handeln könnten:

- Eine Einflußnahme wird erst durch lange und intensive Kontakte möglich.
- Versuchen Sie, genaue Kenntnisse der bestehenden hierarchischen Strukturen zu erhalten und beziehen Sie diese in Ihr Handeln mit ein.

■ Beispiel 11: Die Diskussion

■ Situation

Frau Fritsch lebt mit ihrer Familie seit einiger Zeit in Argentinien; ihre Kinder gehen dort zur Schule. Eines Tages gibt es im Mitteilungsheft der Schule eine kurze Notiz, daß ab nächstem Jahr die Schule keinen Halbtagsunterricht mehr anbietet, sondern verpflichtend Ganztagsunterricht. Bisher gab es wahlweise Halb- oder Ganztagsunterricht, mit unterschiedlichen finanziellen Beiträgen für die Eltern. Frau Fritsch setzt sich daraufhin mit einigen argentinischen Eltern zusammen, und sie formulieren einen Brief, um dagegen zu protestieren. Als sie auf einem Kindergeburtstag Unterschriften dafür sammelt, erklärt ihr eine andere Mutter, Señora Antivero, daß sie so eine Unverschämtheit niemals unterschreiben würde. Sie finde es völlig in Ordnung, daß die Schule über die Zukunft der Kinder entscheide. Frau Fritsch hält dagegen, sie habe einen Vertrag unterschrieben und für die Schule bezahlt hat und möchte insofern auch mitbestimmen, was mit ihren Kindern geschieht. Schon nach kurzer Zeit brechen Frau Fritsch und Señora Antivero die Diskussion ab, weil sie nur wenig Übereinstimmung spüren, und Frau Fritsch die Ansichten ihrer Gesprächspartnerin befremdend findet.

Wie erklären Sie sich die Situation?

- Lesen Sie nun die Antwortalternativen nacheinander durch.
- Bestimmen Sie den Erklärungswert jeder Antwortalternative für die gegebene Situation und kreuzen Sie ihn auf der darunter befindlichen Skala entsprechend an. Es ist möglich, daß mehrere Antwortalternativen den gleichen Erklärungswert besitzen.

■ Deutungen

a) Elterliche Mitbestimmung ist in Schulen nicht üblich; Entscheidungen werden der Schule überlassen.

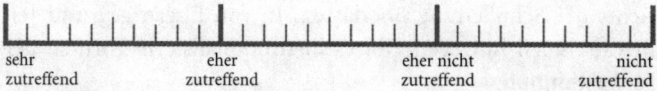

b) Entscheidungen von oben werden als schwer beeinflußbar aufgefaßt und oft als richtig akzeptiert.

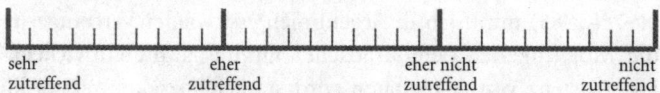

c) Señora Antivero ist verärgert darüber, daß Frau Fritsch sich in Fragen des argentinischen Schulsystems einmischt.

d) Argentinier empfinden es als Erleichterung, wenn ihnen wichtige Entscheidungen abgenommen werden.

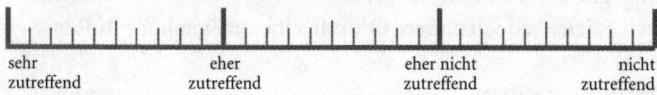

- Versuchen Sie, Ihre Einstufung jeder Antwortalternative zu begründen. Halten Sie die Begründung in schriftlicher Form stichpunktartig fest.

– Lesen Sie nun die Erläuterungen zu jeder Antwortalternative durch und vergleichen Sie diese mit Ihren eigenen Begründungen.

Bedeutungen

Erläuterung zu a):
Diese Erklärung ist eher nicht zutreffend. Es ist wichtig zu wissen, daß im argentinischen Schulsystem Mitbestimmungsmöglichkeiten von der Schulart abhängig sind. In staatlichen Schulen und den mehrheitlich katholischen Privatschulen wird ein Großteil der Entscheidungen bezüglich der Organisation und des Unterrichts der Schulleitung überlassen. In von Eltern gegründeten Privatschulen hingegen gibt es institutionalisierte Formen der Mitbestimmung.

Erläuterung zu b):
Diese Antwort ist richtig. Nach den Jahren der Militärdiktatur (1976–1983) muß sich in Argentinien erst wieder Vertrauen in die Möglichkeiten demokratischer Einflußnahme entwickeln. Die Existenz von Autoritäten wird stärker anerkannt als es in Deutschland üblich ist: Es ist normal und weitverbreitet, ihnen die Entscheidungen zu überlassen. Historisch gesehen war die Macht in Argentinien seit jeher ungleich verteilt und die Bevölkerung hat gelernt, dies zu akzeptieren.

Erläuterung zu c):
Diese Antwort trifft eher nicht zu. Es ist zwar durchaus möglich, daß die argentinische Mutter sich von der Kritik einer Deutschen angegriffen fühlt und ihr Land verteidigen möchte, wahrscheinlich spielen jedoch andere Gründe eine maßgebliche Rolle.

Erläuterung zu d):
Diese Erklärung trifft eher nicht zu. Argentinier haben durchaus eine kritische Einstellung zu staatlichen Entscheidungen. Sie sind es jedoch gewohnt, diese hinzunehmen, da sie davon ausgehen, sie nicht verändern zu können.

- Beantworten Sie sich folgende Frage: Wie würden Sie sich in einer vergleichbaren Situation verhalten?
- Halten Sie Ihre Überlegungen stichpunktartig in schriftlicher Form fest.

■ Lösungsstrategie

Die politische Landschaft Argentiniens war seht jeher geprägt von Umstürzen, wechselnden Regierungen und Militärdiktaturen. Auch unter demokratisch gewählten Regierungen waren Korruption und Mißwirtschaft an der Tagesordnung, und die Lebensbedingungen der Menschen wurden nicht besser.

Argentinier haben wenig Vertrauen in die Möglichkeit direkter Einflußnahme in administrative Entscheidungen. Auch wenn Argentinier eigentlich eine kritische Haltung haben, sind sie es gewohnt, von Autoritäten getroffene Entscheidungen zu akzeptieren. Möglicherweise sind hier auch noch Auswirkungen der Zensur und der Unterdrückung freier Meinungsäußerung unter den Jahren der Militärdiktatur zu spüren, als es lebensgefährlich sein konnte, offen Kritik zu üben.

■ Kulturelle Verankerung von »Hierarchieorientierung«

Der argentinische Kulturstandard, der die vorangegangenen Situationen hauptsächlich erklärt, heißt *Hierarchieorientierung* Dieser Kulturstandard beschreibt den Umgang mit Autoritäten, die Akzeptanz eines Machtgefälles und die nach patriarchalem Muster ablaufenden Entscheidungsprozesse.

Argentinien ist ein Land mit starken hierarchischen Strukturen. Die Unternehmensführung ist autoritätsbezogen. Sowohl die Stellung einer Person in der Hierarchie als auch ihre persönliche Glaubwürdigkeit haben großen Einfluß auf fachliche Fragen. Status und Autorität erwirbt sich der Chef in erster Linie durch Persönlichkeit und Ansehen. Fachliche Kompetenz ist dafür erst in zweiter Linie ausschlaggebend. Ebenso wichtig ist es für eine Führungskraft, über ein gutes Beziehungsnetz zu verfügen, da sie mit Hilfe vieler Informationsquellen Entscheidungen besser treffen kann.

Wie bereits beim Kulturstandard »Simpatía« angesprochen wird in Argentinien Kritik weniger direkt geäußert als in Deutschland. Allzu direkte Kritik wird als unhöflich gewertet und stark auf der persönlichen Ebene interpretiert. Aufgrund der bestehenden hierarchischen Strukturen sollte Kritik im Umgang mit Vorgesetzten daher sehr dosiert, indirekt und nur auf der Basis einer guten Beziehung ausgesprochen werden. Nicht nur die Form, sondern auch die grundsätzliche Bereitschaft zur Kritikäußerung unterscheiden sich drastisch. Während in Deutschland offene Kritik als Zeichen engagierter und ehrlicher Auseinandersetzung gesehen wird, führt das gleiche Verhalten in Argentinien zu Gesichtsverlust für den Kritisierten sowie denjenigen, der kritisiert. Für deutsche Vorgesetzte ist somit die Entwicklung eines kulturell adäquaten Feedbackstils gegenüber ihren Mitarbeitern eine wichtige Aufgabe.

Das Verhältnis zwischen Chef und Untergebenen ist geprägt von einer lockeren Höflichkeit. Nuancen und Andeutungen spielen eine wesentliche Rolle, und es wird vorausgesetzt, daß der Gesprächspartner auch zwischen den Zeilen zu lesen versteht. Der oft kühle, respektvolle und distanzierte Umgang mit dem Vorgesetzten in Deutschland macht das Erkennen eines bestehenden Hierarchiegefälles offensichtlich und leichter erkennbar, wohingegen der herzlichere und persönlichere Umgang zwischen Chef und Mitarbeiter in Argentinien von einem Deutschen leicht falsch interpretiert werden kann.

Weiterhin bestehen Unterschiede bezüglich des Führungsstils. Der in Deutschland geschätzte partizipative Führungsstil ist für Argentinier ungewohnt. In Argentinien werden Aufgaben eher an Rangniedere delegiert: Von oben gegebene Anweisungen werden von untergeordneten Mitarbeitern akzeptiert und auch erwartet. Entscheidungen gemeinsam mit dem Mitarbeiter zu treffen kann als Schwäche des Chefs ausgelegt werden und dessen Akzeptanz unterhöhlen. Bei deutschen Führungskräften ist diese Tatsache anfangs besonders zu beachten, da bei Autoritätsverlust und fehlender persönlicher Akzeptanz fachliche Kompetenzen kaum mehr eine Rolle spielen. Eine effektive Zusammenarbeit ist dann empfindlich gestört.

In Argentinien ist Macht auf nur wenige Personen zentriert. Das Abgeben von Verantwortung und Entscheidungsbefugnis wird in Argentinien anders gehandhabt als in Deutschland. Allein der Chef ist befugt, definitive Entscheidungen zu treffen. Die Tatsache, daß Mitarbeitern wenig Entscheidungsmacht eingeräumt wird, liegt unter anderem auch daran, daß diese oft mangelhaft ausgebildet sind und das Unternehmen vermutlich nicht abgesichert wäre, falls durch Mitarbeiter Schaden entstehen würde. Bei fachlichen Entscheidungen spielen nicht nur sachliche und logische Argumente eine Rolle, sondern auch personenbezogene. Diskussions- und Besprechungsergebnisse haben deshalb nur eine begrenzte Gültigkeit, da sie zusätzlich abhängig von anderen Faktoren sind, wie etwa der Meinung von anderen Autoritäten, die nicht an der Besprechung teilgenommen haben. Das Unterzeichnen von Verträgen kann aus diesem Grund eine langwierige Angelegenheit werden, was bei Deutschen oft zu Ungeduld und Fehlinterpretationen führen kann.

Hierarchieorientierung bedeutet auch, daß eine größere Distanz hinsichtlich der Macht zwischen den Menschen besteht und akzeptiert wird. Die Akzeptanz von Macht-, Autoritäts- und Hierarchiegefälle sowie des patriarchalen Führungsstils legen eine historische Begründung nahe.

Es ist nicht auszuschließen, daß, bedingt durch die Militärdiktatur, die Möglichkeiten demokratischer Einflußnahme auch heute noch weniger wahrgenommen werden, anders als in Deutschland, wo die Entwicklung demokratischer politischer Strukturen nach Ende der nationalsozialistischen Herrschaft besonders gefördert wurde. Nicht zu vergessen ist, daß es bis zum Ende der Militärdiktatur 1983 in Argentinien noch lebensgefährlich war, seine eigene Meinung offen kundzutun. Nicht umsonst ziehen auch heute noch jede Woche schwarz gekleidete Mütter um die »Plaza Mayor« der Großstädte und klagen das Verschwinden ihrer verschollenen Familienangehörigen, der »desaparecidos«, an.

Themenbereich 4:
Ambivalente nationale Identität

Beispiel 12: Nationalitäten

Situation

Die Deutsche Frau Beck ist befreundet mit Señora Chaím, einer bolivianischen Juristin von sehr eleganter Erscheinung und selbstsicherem Auftreten. Mit einem Schweizer verheiratet, lebt diese in Buenos Aires. Frau Beck beobachtet mehrfach folgendes Verhalten in Diskussionen: Bei Elternkonferenzen wird Señora Chaím nicht richtig anerkannt und nicht ernst genommen. In dem Augenblick, in dem ihr Mann zu dem Gespräch dazustößt, hat sie dagegen eine ganz andere Stellung. Wenn sie beispielsweise in einer offenen Diskussion in einer größeren Runde allein einen Diskussionsbeitrag bringt, kann es sein, daß sie darauf keine Antwort bekommt und einfach weiter gesprochen wird, so als würde ihr Diskussionsbeitrag gar nicht existieren. Ist aber ihr Mann dabei, dann geht man auf ihre Ideen ein und überlegt, ob ihre Vorstellung vielleicht eine alternative Lösung wäre. Wenn sie in einer größeren Runde zu diskutieren beginnt, passiert es, daß sich auf einmal kleine Gruppen absetzen und einzelne geradezu körperlich abgewandt die Diskussion weiterführen. Dies ist nicht der Fall, wenn ihr Mann dabei ist. Frau Beck empfindet dieses Verhalten als befremdend.

Wie erklären Sie sich diese Situation?

- Lesen Sie nun die Antwortalternativen nacheinander durch.
- Bestimmen Sie den Erklärungswert jeder Antwortalternative für die gegebene Situation und kreuzen Sie ihn auf der darunter befindlichen Skala entsprechend an. Es ist möglich, daß mehrere Antwortalternativen den gleichen Erklärungswert besitzen.

Deutungen

a) Die Argentinier akzeptieren Señora Chaím dann, wenn ihr Mann dabei ist, also wenn klar ist, daß sie nicht aufreizend wirken will.

sehr zutreffend	eher zutreffend	eher nicht zutreffend	nicht zutreffend

b) Ihre Aussagen werden trotz ihres hohen Bildungsniveaus nicht beachtet, weil in Argentinien Frauen eher traditionelle Geschlechtsrollen ausfüllen.

sehr zutreffend	eher zutreffend	eher nicht zutreffend	nicht zutreffend

c) Es besteht eine stark abwertende Haltung und Abgrenzung gegenüber anderen lateinamerikanischen Ländern, vor allem gegenüber ärmeren wie Bolivien.

sehr zutreffend	eher zutreffend	eher nicht zutreffend	nicht zutreffend

d) Die Freundin wird nur in Gegenwart ihres Mannes ernstgenommen, da dann vermutet wird, daß sie dessen Meinung wiedergibt und diese eher akzeptiert wird.

sehr zutreffend	eher zutreffend	eher nicht zutreffend	nicht zutreffend

– Versuchen Sie, Ihre Einstufung jeder Antwortalternative zu begründen. Halten Sie die Begründung in schriftlicher Form stichpunktartig fest.
– Lesen Sie nun die Erläuterungen zu jeder Antwortalternative durch und vergleichen Sie diese mit Ihren eigenen Begründungen.

■ Bedeutungen

Erläuterung zu a):
Diese Erklärung ist nicht zutreffend. Attraktives und gepflegtes Äußeres ist sehr wichtig in Argentinien und trägt zur Anerkennung bei. Deutsche Frauen wirken durch ihr Auftreten und Aussehen oft weniger weiblich auf argentinische Männer als südamerikanische Frauen. In dieser Situation spielen andere Faktoren eine Rolle.

Erläuterung zu b):
Für die vorliegende Situation ist diese Antwort eher nicht zutreffend. Es ist zwar richtig, daß Geschlechterrollen vor allem in ländlichen Gebieten differenziert und traditionell aufgefaßt werden, dies dürfte in diesem Fall jedoch nicht ausschlaggebend sein, da das Ehepaar in einer Großstadt lebt. In Argentinien leben 80 % der Bevölkerung in Städten. 35 % der Gesamtbevölkerung lebt auf nur 0,1 % der Staatsfläche. Ein Drittel der Bevölkerung lebt im Ballungszentrum Buenos Aires (Provinz). Die Konfrontation mit starken kulturellen Unterschieden zwischen der Stadt- und der Landbevölkerung ist für deutsche Expatriates nur in Ausnahmefällen relevant.

Erläuterung zu c):
Diese Antwort erklärt die Situation am besten. Argentinien gehörte in den zwanziger Jahren des letzten Jahrhunderts zu den reichsten Ländern der Welt, verarmte in den darauffolgenden Jahrzehnten jedoch zunehmend. Geblieben ist das Gefühl einer Sonderrolle in Südamerika und ein ausgeprägter Stolz auf die eigene Nation. Besonders als wirtschaftlich wiederaufstrebendes Schwellenland wollen sich die Argentinier abgrenzen gegenüber ihren bedeutend ärmeren Nachbarländern. Aus diesen wandert eine große Anzahl von Arbeitsuchenden nach Argentinien ein. Diese Menschen verrichten die sozial am wenigsten anerkannten Arbeiten. Neben dieser abwertenden Haltung gegenüber anderen lateinamerikanischen Ländern existiert eine starke Bewunderung für die »Erste Welt«, vor allem für Europa. So läßt sich erklären, daß der Bolivianerin zunächst mit Vorurteilen begegnet und ihr

Status erst durch die Anwesenheit ihres europäischen Ehemannes gehoben wird.

Erläuterung zu d):
Diese Aussage erklärt die Situation nicht. Es ist durchaus üblich und akzeptiert in Argentinien, daß Frauen ihre eigene Meinung haben und diese unabhängig von ihrem Mann vertreten.

- Beantworten Sie sich folgende Frage: Wie würden Sie sich in einer vergleichbaren Situation verhalten?
- Halten Sie Ihre Überlegungen stichpunktartig in schriftlicher Form fest.

■ Lösungsstrategie

Während Argentinier Europäern und Nordamerikanern sehr viel Respekt und Bewunderung entgegenbringen, haben sie zu ihren direkten Nachbarn oft eine negativ geprägte Haltung. Vor allem gegenüber Chilenen, Bolivianern und Paraguayern, mit denen sie zahlreiche Grenzkriege führten, bestehen zahlreiche Vorurteile. Hinzu kommt, daß es diesen Ländern wirtschaftlich schlechter geht als Argentinien und von dort zahlreiche Menschen auf der Suche nach Arbeit und besseren Lebensbedingungen nach Argentinien einwandern. Diese Menschen müssen Arbeiten annehmen, die mit einem sehr geringen Sozialprestige verbunden sind. So läßt sich erklären, daß Chilenen, Bolivianer, Paraguayer und Peruaner in Argentinien wenig Ansehen genießen und einen geringen sozialen Status haben.

■ Beispiel 13: Reiseziele

■ Situation

Die deutsche Praktikantin Claudia möchte am Ende ihres sechsmonatigen Aufenthalts in Argentinien allein in ein anderes südamerikanisches Land reisen. In der Firma, in der sie ihr Praktikum absolviert, erkundigt sie sich nach interessanten Reisezielen. Ihr Chef, Señor Quevedo, und einige ihrer Arbeitskollegen empfehlen ihr, mit einer Reisegruppe in den Süden Argentiniens zu fahren, da dort die Landschaft völlig anders sei als im Norden und es zudem ungefährlicher sei. Claudia hatte in Deutschland von ihren Freunden gehört, daß Bolivien ein interessantes Reiseziel sei. Als Claudia den Gedanken äußert, nach Bolivien zu fahren, erfährt sie heftige Ablehnung und den Rat, dort auf keinen Fall hinzufahren. Bolivien sei, laut Señor Quevedo, ein völlig uninteressantes Land. Er meint, Claudia solle dann schon lieber nach Brasilien oder Mexiko reisen. Claudia ist sehr überrascht über diese heftige Reaktion. Auf die Frage, wohin Señor Quevedo reisen würde, von Südamerika einmal abgesehen, bekommt sie die Antwort, daß er sehr gern nach Europa reisen würde. Dieselbe Antwort bekommt sie von zahlreichen Arbeitskollegen und argentinischen Freunden. Claudia ist sehr erstaunt darüber, daß so viele Argentinier trotz der extrem hohen Flugkosten lieber nach Europa reisen möchten, anstatt den naheliegenden und nach Claudias Meinung ebenso interessanten süd- und mittelamerikanischen Kontinent zu besuchen.

Wie erklären Sie sich diese Situation?

- Lesen Sie nun die Antwortalternativen nacheinander durch.
- Bestimmen Sie den Erklärungswert jeder Antwortalternative für die gegebene Situation und kreuzen Sie ihn auf der darunter befindlichen Skala entsprechend an. Es ist möglich, daß mehrere Antwortalternativen den gleichen Erklärungswert besitzen.

■ Deutungen

a) Señor Quevedo und die Arbeitskollegen sind außerordentlich interessiert an den Geschehnissen in Europa und möchten deshalb gern dorthin reisen.

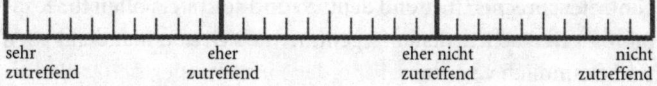

sehr zutreffend   eher zutreffend   eher nicht zutreffend   nicht zutreffend

b) Señor Quevedo und die Arbeitskollegen sind besorgt, die Deutsche allein auf Reisen gehen zu lassen.

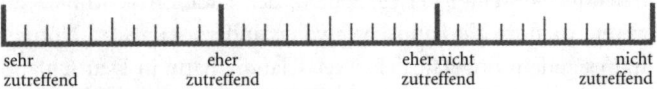

| sehr zutreffend | eher zutreffend | eher nicht zutreffend | nicht zutreffend |

c) Señor Quevedo und die Arbeitskollegen sind besonders um Claudias Sicherheit in Bolivien besorgt, deswegen empfehlen sie ihr, nicht nach Bolivien, sondern nach Brasilien oder Mexiko zu fahren.

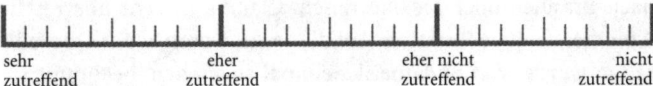

| sehr zutreffend | eher zutreffend | eher nicht zutreffend | nicht zutreffend |

d) Señor Quevedo und auch Claudias argentinische Freunde sind sehr stolz auf ihr Land und möchten gern, daß Claudia die verschiedenen Gesichter Argentiniens kennenlernt.

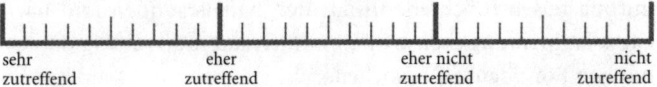

| sehr zutreffend | eher zutreffend | eher nicht zutreffend | nicht zutreffend |

– Versuchen Sie, Ihre Einstufung jeder Antwortalternative zu begründen. Halten Sie die Begründung in schriftlicher Form stichpunktartig fest.
– Lesen Sie nun die Erläuterungen zu jeder Antwortalternative durch und vergleichen Sie diese mit Ihren eigenen Begründungen.

■ Bedeutungen

Erläuterung zu a):
Diese Antwort trifft zu. Den Argentiniern ist Europa weder in den Medien noch im alltäglichen Leben fern, und sie überraschen oft mit ihren Kenntnissen über Vorgänge in Europa. Einige Argentinier sprechen fließend deutsch und sind stets offen für Kontakte zu Deutschen, denen gegenüber sie sich sehr aufgeschlossen und freundlich verhalten.

Erläuterung zu b):
Diese Antwort erklärt die Situation nur zum Teil. Sicherlich ist es für Argentinier/innen sehr ungewöhnlich, allein zu reisen, und sie versuchen, diese Besorgnis auszudrücken. Es fällt ihnen schwer, sich vorzustellen, daß Claudia gern allein reisen möchte, da für Argentinier Alleinsein eher den Beigeschmack von Einsamkeit und fehlender Akzeptanz hat. In dieser Situation ist die Wahl des Reiseziels aber eher ausschlaggebend für die starke Ablehnung.

Erläuterung zu c):
Diese Antwort erklärt die Situation nur zum Teil, da sich Bolivien und Brasilien hinsichtlich gefährlicher Situationen im Alltag kaum unterscheiden. Die Präferenz für Brasilien hat in diesem Fall nicht nur Sicherheitsaspekte, sondern andere Gründe. Bolivien wird von vielen Argentiniern als schmutziges, sehr armes Land wahrgenommen, das für einen Urlaub uninteressant ist. Brasilien ist dagegen sehr beliebt bei den Argentiniern, vor allem aufgrund seiner wunderschönen Strände und der speziell für argentinische Reisende gut ausgebauten Tourismus-Infrastruktur. Die Tatsache, daß es sowohl in Brasilien als auch in Argentinien ebenso arme Menschen gibt wie in Bolivien, wird hierbei weniger berücksichtigt.

Erläuterung zu d):
Diese Antwort trifft ebenfalls zu. Argentinien ist ein großes Land, das sich über mehr als 30 Breitengrade erstreckt und nicht zu unrecht »das Land der sieben Kontinente« genannt wird. Bei einer Nord-Süd Ausdehnung von 3700 km erscheint es nicht verwunderlich, daß viele Argentinier aus dem Norden oder dem Centro-Litoral den Süden ihres eigenen Landes noch nicht bereist haben. Señor Quevedo ist stolz auf die Schönheit und Vielfalt seines Landes und möchte dies seiner Praktikantin ans Herz legen.

- Beantworten Sie sich folgende Frage: Wie würden Sie sich in einer vergleichbaren Situation verhalten?
- Halten Sie Ihre Überlegungen stichpunktartig in schriftlicher Form fest.

■ Lösungsstrategie

Auf Grund der in Argentinien bestehenden negativen Einstellung gegenüber den Nachbarn Chile, Bolivien und Paraguay sehen Argentinier diese Länder nicht als attraktive Reiseziele. Argentinier sind bemüht, sich abzuheben von ärmeren süd- und lateinamerikanischen Nationen und zeigen eine starke Vorliebe für Europa und die Vereinigten Staaten von Amerika. Dies spiegelt sich in vielen Aspekten des argentinischen Lebens wider, unter anderem in der Bevorzugung von Reisen in die USA oder nach Europa. Es ist ein Statussymbol, sich einen Urlaub in Miami oder in Italien leisten zu können.

Auch auf ihr eigenes Land sind die Argentinier sehr stolz, auf seine natürliche Schönheit, seine riesige Fläche und die dort lebenden Menschen. Selbst wenn sie ihr Land selbst oft kritisieren, so wollen sie doch, daß Fremde einen möglichst positiven Eindruck von Argentinien bekommen und ihm Bewunderung entgegenbringen.

■ Kulturelle Verankerung von »Ambivalente nationale Identität«

Der argentinische Kulturstandard, der die vorangegangenen Situationen hauptsächlich erklärt, heißt *Ambivalente nationale Identität*. Dieser Kulturstandard beschreibt die zwiespältige Einstellung der Argentinier zu ihrem Land.

Argentinier sind sehr stolz auf ihre noch junge Nation, die erst 1816 nach Erlangen der Unabhängigkeit von Spanien gegründet wurde. Das riesige Land – das achtgrößte der Welt und das zweitgrößte Südamerikas – wurde von verschiedenen Einwanderergruppen, vor allem aus Europa, besiedelt, deren Nachkommen heute 85 % der Bevölkerung stellen. Bis 1970 strömten acht Millionen Einwanderer überwiegend europäischer Abstammung nach Argentinien. Davon waren rund 33 % spanischer Herkunft, 25 % italienischer Abstammung sowie 230.000 Deutschstämmige. Trotz ihrer Verbundenheit mit Europa sehen sich die Einwanderer seit drei bis vier Generationen als Argentinier. Menschen indianischer Abstammung und andere Minderheiten stellen nur einen kleinen Teil der 35 Millionen Argentinier.

Argentiniens politische und kulturelle Organisation ist am Vorbild Europas orientiert. Man legt sehr viel Wert darauf, als das am meisten europäisch wirkende Land Südamerikas zu gelten. Argentinier überraschen mit ihrem breiten Wissen über Europa und die USA so manchen Besucher. Sie legen Wert darauf, über das Weltgeschehen und historische Ereignisse informiert zu sein. Die extreme Bewunderung für Europa und die USA drückt sich beispielsweise im Mode- und Musikgeschmack aus und geht einher mit einem gewissen Gefühl der Minderwertigkeit gegenüber der »Ersten Welt«. Noch in den zwanziger Jahren des letzten Jahrhunderts gehörte Argentinien zu den reichsten Ländern der Welt und sah sich als gleichgestellter Partner Europas. Die Erinnerung an die einstige Bedeutung des Landes wirkt auch nach dem wirtschaftlichen Abstieg noch nach. Gerade durch die starke Orientierung an Europa sind Argentinier fest davon überzeugt, eine Sonderstellung in Südamerika einzunehmen, und sie sind sehr stolz auf ihre Nation.

Diesen Ruf haben sie auch in den Nachbarländern Chile und Bolivien. Hier werden Argentinier oft als arrogant und überheblich wahrgenommen. Das Verhältnis Argentiniens zu seinem verhältnismäßig kleinen Nachbarn Chile ist geschichtlich und politisch bis heute belastet, was sich beispielsweise in dem Streit um die Falklandinseln bis in die Gegenwart fortsetzt. Viele Argentinier geben offen zu, Vorurteile gegenüber Chilenen zu haben, und auch viele Chilenen sind umgekehrt ihrem Nachbarn gegenüber eher kritisch eingestellt. In Argentinien besteht ein starker Abgrenzungswunsch gegenüber anderen süd- und lateinamerikanischen Ländern. Als wiederaufstrebendes wirtschaftliches Schwellenland will man sich absetzen von den Ländern der »Dritten Welt«. So wird die Immigration insbesondere von Chilenen, Bolivianern, Peruanern und Uruguayern mit Mißtrauen betrachtet, während etwa die in den neunziger Jahren des letzten Jahrhunderts erfolgte Einwanderungswelle von europäisch aussehenden Russen und Ukrainern weit weniger Aufsehen erregt hat. Vor allem im Norden des Landes ist die Ablehnung aufgrund der hohen Anzahl südamerikanischer Einwanderer und des Kampfes um Arbeitsplätze besonders stark.

Die Ursprünge der teilweise schlechten Beziehungen liegen zum einen darin, daß Argentinien zahlreiche kriegerische Konflikten mit seinen Nachbarländern ausgetragen hat. Zum anderen könnten die Ressentiments aus den zwanziger Jahren des 20. Jahrhunderts herrühren, in denen Argentinien wirtschaftlich weit über dem Niveau der übrigen süd- und lateinamerikanischen Länder lag, die vom Wohlstand (mit)profitieren wollten. Hinzu kommt, daß die Immigranten aus den ärmeren Ländern Süd- und Lateinamerikas meist Arbeiten verrichten, die mit einem geringen sozialen Prestige verbunden sind und sie deshalb auf den unteren sozialen Stufen eingeordnet werden. Viele argentinische Familien haben ein Hausmädchen (»muchacha«) aus Bolivien oder Peru. Selbst wenn die finanziellen Verhältnisse bescheiden sind, wird auf ein Hausmädchen nicht verzichtet, da damit ein Statusverlust verbunden wäre.

Das in Argentinien bestehende Schönheitsideal von weißer Haut und blauen Augen trägt ebenfalls dazu bei, daß die meist dunkelhäutigen Zuwanderer weniger Anerkennung erfahren. Antisemitismus und Ressentiments gegenüber anderen Volksgruppen werden für deutsche Verhältnisse relativ offen zugegeben. Das einzige südamerikanische Land, mit dem sich Argentinier noch am ehesten auf gleicher Stufe sehen, ist Brasilien. Mit dem riesigen Nachbarn, dem größten Staat Südamerikas, wird um wirtschaftliche Macht und internationale Anerkennung gerungen.

Trotz des Stolzes auf ihre Nation kritisieren Argentinier oft selbst ihr Land, besonders die politische Organisation und die sozialen Mißstände. Das geschieht auch in Gegenwart von Fremden. Andererseits reagieren sie empfindlich auf Kritik von Ausländern, vor allem hinsichtlich der gängigen Vorurteile wie Unzuverlässigkeit und »Machismo«. Gerade die als kritikfreudig bekannten Deutschen sollten sich hier Zurückhaltung auferlegen. Argentinier freuen sich dagegen sehr über Komplimente, gerade von Europäern, was die Schönheit ihres Landes sowie die Freundlichkeit und das Temperament der Menschen betrifft.

Im Zusammenhang mit dem Kulturstandard »Simpatía« wurde auf die Kontaktfreudigkeit und Offenheit der Argentinier gegenüber Ausländern hingewiesen. Der Kulturstandard »Ambivalente nationale Identität« betrachtet diesen Bereich differenzierter und weist auf Einschränkungen hin.

Themenbereich 5:
Gegenwartsorientierung

Beispiel 14: Carpe diem

Situation

Simon besucht für ein Semester eine argentinische Universität und verbringt seine Freizeit meist mit einer Gruppe argentinischer Kommilitonen. Da diese größtenteils nicht aus wohlhabenden Verhältnissen stammen, haben sie nur sehr wenig Geld zur Verfügung. Als einer seiner Freunde, Oscar, von seinem Onkel etwas Geld geschenkt bekommt, gönnt er sich erst einmal ein tolles Mittagessen und investiert den Rest in teuren Wein für eine Feier am Abend. Simon erscheint dieser Umgang mit Geld sehr unvernünftig; er würde am ersten Abend nicht gleich alles ausgeben, sondern sich das Geld besser einteilen.
Wie erklären Sie sich die Situation?

- Lesen Sie nun die Antwortalternativen nacheinander durch.
- Bestimmen Sie den Erklärungswert jeder Antwortalternative für die gegebene Situation und kreuzen Sie ihn auf der darunter befindlichen Skala entsprechend an. Es ist möglich, daß mehrere Antwortalternativen den gleichen Erklärungswert besitzen.

Deutungen

a) Durch die hohe Inflationsrate könnte es sein, daß das Geld am nächsten Tag weniger wert ist; es wird deswegen gleich ausgegeben.

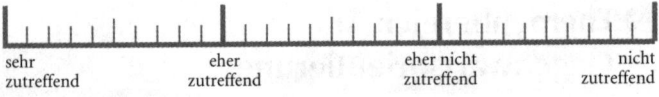

| sehr zutreffend | eher zutreffend | eher nicht zutreffend | nicht zutreffend |

b) Argentinier sind gesellige Menschen. Gemütliches Beisammensein, Familie und Freundeskreis werden als wichtig angesehen; damit verbunden wird viel Geld für Essen und Feiern ausgegeben.

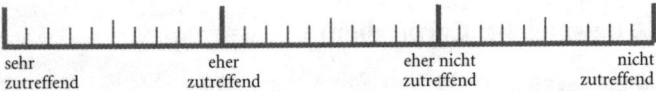

| sehr zutreffend | eher zutreffend | eher nicht zutreffend | nicht zutreffend |

c) Argentinier können nicht mit Geld umgehen und neigen dazu, es zu verschwenden.

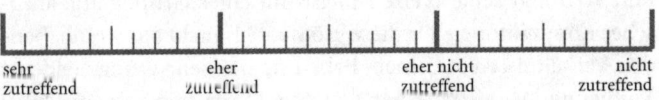

| sehr zutreffend | eher zutreffend | eher nicht zutreffend | nicht zutreffend |

d) Oscar lebt mehr im Hier und Heute als langfristig für die Zukunft vorzusorgen.

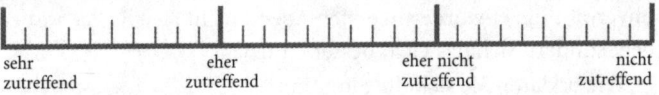

| sehr zutreffend | eher zutreffend | eher nicht zutreffend | nicht zutreffend |

– Versuchen Sie, Ihre Einstufung jeder Antwortalternative zu begründen. Halten Sie die Begründung in schriftlicher Form stichpunktartig fest.
– Lesen Sie nun die Erläuterungen zu jeder Antwortalternative durch und vergleichen Sie diese mit Ihren eigenen Begründungen.

■ Bedeutungen

Erläuterung zu a):
Diese Antwort ist eher zutreffend. Der Umgang der Argentinier mit Geld ist geprägt durch die historischen Erfahrungen mit wirtschaftlicher Instabilität und Inflation. Seit 1945 gab es unzäh-

lige Abwertungen des Peso. In der Phase der Hyperinflation mit Inflationsraten von bis zu 3000 % in den achtziger Jahren des zwanzigsten Jahrhunderts war es üblich und notwendig, Geldwerte sofort in Sachwerte umzusetzen.

Erläuterung zu b):
Diese Antwort beschreibt die Argentinier durchaus richtig. Die Situation wird dadurch jedoch nur zum Teil erklärt, da auch in Deutschland für Essen und Feiern viel Geld ausgegeben wird.

Erläuterung zu c):
Diese Antwort ist falsch. Es ist anzunehmen, daß Deutsche im allgemeinen genauso gut oder schlecht wie Argentinier mit Geld umgehen können und hier eher individuelle Unterschiede existieren.

Erläuterung zu d):
Dies ist die richtige Antwort. Argentinier kennen die ökonomische und politische Stabilität, die in Deutschland herrscht, nicht und haben deshalb weniger das Gefühl, die Zukunft kontrollieren zu können. Es wird mehr für den Tag gelebt als für die Zukunft geplant, denn die Zukunft ist ungewiß.

- Beantworten Sie sich folgende Frage: Wie würden Sie sich in einer vergleichbaren Situation verhalten?
- Halten Sie Ihre Überlegungen stichpunktartig in schriftlicher Form fest.

■ Lösungsstrategie

Die in Argentinien vorherrschende Zeitperspektive ist stark gegenwartsorientiert: momentane Bedürfnisse, Gefühle und Überlegungen bestimmen das Handeln. Probleme, die zu einem späteren Zeitpunkt anstehen könnten, werden dabei seltener in Erwägung gezogen. So werden beispielsweise in Argentinien weit weniger Versicherungen abgeschlossen als in Deutschland. Man läßt die Dinge auf sich zukommen und überlegt sich eine Lösung, sobald das Problem präsent ist und nicht schon weit im Vorfeld. Die Argentinier haben seit jeher die Erfahrung gemacht, daß sich in ihrem Land auf Grund der wirtschaftlichen und politischen Instabilität von einem Tag auf den anderen alles ändern kann, und sie deshalb ihre Zukunft nicht planen können. In den Jahren der Hyperinflation haben sie außerdem gelernt, daß es wenig Sinn macht, Geld zu sparen, da es am folgenden Tag sowieso nichts mehr wert sein kann.

Vorschlag, wie Sie in einer vergleichbaren Situation handeln könnten:

- Versuchen Sie nicht, die Argentinier zu belehren; deutsche Sparsamkeit und Zukunftsangst erscheinen ihnen unverständlich und auch nicht unbedingt erstrebenswert.

■ Beispiel 15: Voller Kühlschrank

■ Situation

Der deutsche Student Wolfgang, der ein Jahr an einer Universität in Argentinien studiert, lebt während seines Aufenthalts in einer Wohngemeinschaft mit argentinischen Studenten zusammen. Ab und zu legen sie alle etwas Geld zusammen und fahren in den Supermarkt zum Großeinkauf. Nachdem der Kühlschrank dann voll ist, denkt Wolfgang, die Menge an Lebensmitteln würde für die nächste Woche ausreichen. Er will das eingekaufte Fleisch beispielsweise über mehrere Tage verteilt essen. Der Vorrat wird aber sehr schnell aufgebraucht, da seine argentinischen Mitbewohner seiner Meinung nach drei Tage lang Völlerei betreiben und mittags und abends Fleisch essen, bis nichts mehr vorhanden ist. Wolfgang wundert sich sehr über das Verhalten der Argentinier und ärgert sich, daß nach drei Tagen der Kühlschrank leer ist.

Wie erklären Sie sich die Situation?

- Lesen Sie nun die Antwortalternativen nacheinander durch.
- Bestimmen Sie den Erklärungswert jeder Antwortalternative für die gegebene Situation und kreuzen Sie ihn auf der darunter

befindlichen Skala entsprechend an. Es ist möglich, daß mehrere Antwortalternativen den gleichen Erklärungswert besitzen.

■ Deutungen

a) Argentinier sind es gewohnt, zu den meisten Mahlzeiten Fleisch zu essen.

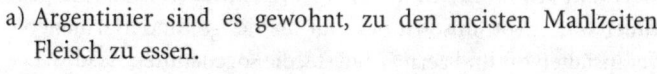

b) Argentinier lassen sich eher von ihren momentanen Gefühlen leiten, als etwas für später aufzusparen.

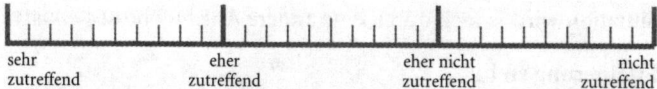

c) Aus »Futterneid« essen die argentinischen Studenten das Fleisch so schnell wie möglich auf, bevor ihnen Mitbewohner zuvorkommen.

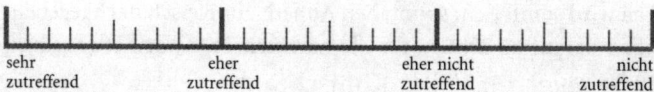

d) Für Argentinier hat Essen einen höheren Stellenwert als für Deutsche.

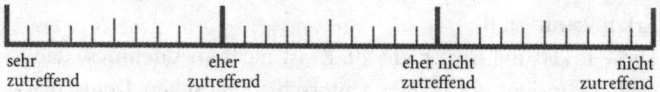

– Versuchen Sie, Ihre Einstufung jeder Antwortalternative zu begründen. Halten Sie die Begründung in schriftlicher Form stichpunktartig fest.
– Lesen Sie nun die Erläuterungen zu jeder Antwortalternative durch und vergleichen Sie diese mit Ihren eigenen Begründungen.

Bedeutungen

Erläuterung zu a):
Diese Antwort erklärt die Situation bedingt. Es ist zutreffend, daß Fleisch in Argentinien im Vergleich zu Deutschland sehr preiswert und fast immer Bestandteil von Mahlzeiten ist. Die Argentinier sind nicht umsonst bekannt für riesige Rinderfarmen. Sie veranstalten oft und gern Grillfeste, die sogenannten Asados. Die Situation wird jedoch durch eine andere Antwort besser erklärt.

Erläuterung zu b):
Diese Antwort beschreibt die Situation am besten. Eine Orientierung auf die Gegenwart hin bedeutet, daß der momentane gefühlsmäßige Zustand besonders zum Tragen kommt. In diesem Fall wird somit dem spontanen Appetit auf Fleisch nachgegeben, ohne darauf zu achten, für die nächsten Tage noch etwas übrig zu lassen.

Erläuterung zu c):
Diese Antwort ist sehr unwahrscheinlich. Einzelfälle sind allerdings nicht auszuschließen.

Erläuterung zu d):
Diese Erklärung trifft nicht zu. Es ist nicht anzunehmen, daß in dieser Hinsicht ein großer Unterschied zwischen Deutschland und Argentinien besteht. Andere Länder wie beispielsweise Frankreich oder Spanien unterscheiden sich diesbezüglich stärker von Deutschland.

– Beantworten Sie sich folgende Frage: Wie würden Sie sich in einer vergleichbaren Situation verhalten?
– Halten Sie Ihre Überlegungen stichpunktartig in schriftlicher Form fest.

Lösungsstrategie

Wie in Beispiel 14 beschrieben haben Argentinier einen von der Gegenwart dominierten Zeithorizont. Dies beinhaltet die Tendenz, aktuellen Gefühlen und Bedürfnissen nachzugehen, ohne dabei eventuell später auftretende Probleme zu berücksichtigen. Es wäre für Argentinier unverständlich, ein Bedürfnis aufzuschieben, dessen Befriedigung im Moment kein vernünftiger Grund entgegensteht. Es ist schließlich ungewiß, wie die Welt in einigen Stunden, Tagen oder Wochen aussehen wird. Deshalb ist das genußvolle Erleben des Augenblicks von enormer Wichtigkeit und weitaus bedeutsamer als Überlegungen, welche Probleme in der Zukunft auftreten könnten. Man kann das beispielsweise abends in vielen argentinischen Bars und Lokalen beobachten, wo die Argentinier nach einem harten Arbeitstag ausgelassen feiern, ohne dabei an die Sorgen des Alltags zu denken.

Vorschlag, wie Sie in einer vergleichbaren Situation handeln könnten:

- Genießen Sie die Lebensfreude der Argentinier und akzeptieren Sie, daß es für sie nicht so wichtig ist, was zu einem späteren Zeitpunkt passieren wird.

■ Kulturelle Verankerung von »Gegenwartsorientierung«

Der argentinische Kulturstandard, der die vorangegangenen Situationen hauptsächlich erklärt, heißt Gegenwartsorientierung. Dieser Kulturstandard bedeutet, daß die momentanen Gefühle und Gedanken dominieren und das positive Erleben der Gegenwart im Vordergrund steht.

In gegenwartsorientierten Kulturen wird die Zukunft als sehr vage und unvorhersehbar angesehen. Deshalb werden vor allem zeitlich nahe Ziele angestrebt und Gedanken über die Zukunft in das aktuelle Handeln weniger einbezogen. Das Genießen der Gegenwart ist wichtiger als die Sorge, was morgen sein wird.

Dagegen schätzen Menschen aus zukunftsorientierten Kulturen die Erreichbarkeit zukünftiger Ziele hoch ein. Sie erwarten von der Zukunft Fortschritt und Weiterentwicklung. Die Zukunft wird als Fortsetzung der Gegenwart verstanden. Dem einzelnen wird dabei direkter Einfluß auf die Zukunftsgestaltung zugeschrieben.

Deutsche benötigen immer das Gefühl, Kontrolle zu haben und bemühen sich, Unsicherheit und Ungewißheit zu minimieren. Argentinier hingegen sehen ihre Kontroll- und Einflußmöglichkeiten aus unterschiedlichen sozialen, gesellschaftlichen und politischen Gründen als recht begrenzt an. Sie haben sich erfolgreich an die Ungewißheit der Zukunft angepaßt, indem sie die Ereignisse auf sich zukommen lassen. Die zeitliche Perspektive hat entscheidenden Einfluß auf das Verhalten, Denken und Fühlen einer Person. Gegenwartsorientiertes Verhalten stellt momentane Gefühle und deren Ausdruck in den Vordergrund, während bei einer zukunftsorientierten Einstellung zweckgebundene und rationelle Prozesse und Gedanken eine größere Rolle spielen.

Das zukunftsorientierte Verhalten der meisten Deutschen erscheint Argentiniern als überbesorgt und fehl am Platz in Zeiten, in denen gegenwärtige Probleme nicht gegeben sind. Häufig erscheinen Deutsche Argentiniern als arbeitsbesessen, an Rationalität, Fragen der Rentabilität sowie an Sorgen und Vorsorge für die Zukunft orientiert.

Das in Argentinien vorherrschende gegenwartsorientierte Verhalten wird dagegen von Personen mit ausgeprägter Zukunftsorientierung als unproduktiv, fatalistisch und nachlässig eingeschätzt. Es kann für Deutsche als Mangel an Ehrgeiz und Unfähigkeit erscheinen, daß nicht versucht wird, durch aktuelle Planung die zukünftigen Lebensbedingungen günstig zu beeinflussen. Deutsche erleben Argentinier oft als in den Tag hineinlebend, was im Berufsleben als Mangel, im Privatleben aber als bewunderns- und erstrebenswert empfunden wird.

Die Gründe für die Einstellung der Argentinier sind vielschichtig. Zum einen werden die Möglichkeiten, auf zukünftige Ereignisse Einfluß oder Kontrolle auszuüben als gering wahrgenommen, zum anderen prägen historische Erfahrungen mit wirtschaftlicher Instabilität und Inflation die Einstellung zum Sparen. Ein gewisses In-den-Tag-hinein-Leben wird verständlich in einem Land, in dem politischer Umsturz, Inflation und hohe Arbeitslosigkeit Unwägbarkeiten erzeugen und das Alltagsleben stark beeinflussen.

Themenbereich 6:
Polychrones Zeitverständnis

Beispiel 16: Arbeitsbesprechung

Situation

Herr Brinkmann ist als Berater für die Implementierung von Standardsoftware in der Fabrik eines Kunden zuständig. Er beschreibt den Verlauf von Arbeitsbesprechungen in Argentinien als etwas anders, als er dies von Deutschland kennt. Herr Brinkmann schreibt meistens vorher ein Memo, mit dem die argentinischen Kollegen eingeladen werden. Wenn er beispielsweise einen Besprechungstermin für 10 Uhr festsetzt, kann die Sitzung erst um halb elf beginnen, da die meisten Teilnehmer erst später kommen. Einige fehlen, auch ohne Entschuldigung, andere gehen ständig aus dem Besprechungsraum und kommen dann wieder herein. Es herrscht ein reges Kommen und Gehen, es wird viel geraucht und Kaffee getrunken. Insgesamt laufen die Besprechungen nicht so organisiert ab, wie Herr Brinkmann dies aus Deutschland gewohnt ist. Herr Brinkmann empfindet dieses Verhalten als befremdend.

Wie erklären Sie sich das Verhalten der Argentinier?

- Lesen Sie nun die Antwortalternativen nacheinander durch.
- Bestimmen Sie den Erklärungswert jeder Antwortalternative für die gegebene Situation und kreuzen Sie ihn auf der darunter befindlichen Skala entsprechend an. Es ist möglich, daß mehrere Antwortalternativen den gleichen Erklärungswert besitzen.

■ Deutungen

a) Die Argentinier nehmen Arbeitsbesprechungen nicht so ernst, das heißt solche Besprechungen können locker und – in deutschen Augen – etwas chaotisch ablaufen.

sehr zutreffend	eher zutreffend	eher nicht zutreffend	nicht zutreffend

b) Argentinier sind sich von vornherein bewußt, daß eine Besprechung immer später anfängt als angesetzt.

sehr zutreffend	eher zutreffend	eher nicht zutreffend	nicht zutreffend

c) Argentinier erledigen verschiedene Dinge gleichzeitig und passen bestehende Zeitpläne den aktuellen Gegebenheiten an. Die genaue Einhaltung von Terminen hat folglich nicht den gleichen Stellenwert wie in Deutschland.

sehr zutreffend	eher zutreffend	eher nicht zutreffend	nicht zutreffend

d) Argentinier haben scheinbar eine andere Einstellung zur Effektivität von Besprechungen, es geht ihnen hierbei mehr um den sozialen Kontakt als um das Voranbringen eines Projekts.

sehr zutreffend	eher zutreffend	eher nicht zutreffend	nicht zutreffend

– Versuchen Sie, Ihre Einstufung jeder Antwortalternative zu begründen. Halten Sie die Begründung in schriftlicher Form stichpunktartig fest.
– Lesen Sie nun die Erläuterungen zu jeder Antwortalternative durch und vergleichen Sie diese mit Ihren eigenen Begründungen.

Bedeutungen

Erläuterung zu a):
Diese Erklärung ist eher nicht zutreffend, da Arbeitstreffen in Argentinien sehr wohl ernstgenommen werden, auch wenn dies für Deutsche nicht immer ersichtlich ist. Im argentinischen Arbeitsalltag wird ein geschäftiges Durcheinander dem durchstrukturierten deutschen Besprechungsstil vorgezogen.

Erläuterung zu b):
Diese Deutung ist bedingt richtig. Die »deutsche« Pünktlichkeit, das Erscheinen auf die Minute, ist in Argentinien nicht vorauszusetzen. Man sollte jedoch nicht davon ausgehen, daß Argentinier immer zu spät kommen; sie können durchaus auch pünktlich sein. Eine Differenzierung ist hier unumgänglich.

Erläuterung zu c):
Diese Antwort erklärt die Situation am besten. Argentinier haben ein sogenanntes polychrones Zeitverständnis. Dieses wirkt sich auf terminliche Zusagen und auf die Spontaneität in der Planung aus. Ein verspäteter Veranstaltungsbeginn ist nichts Außergewöhnliches. Aufgaben werden außerdem nicht wie in Deutschland nacheinander erledigt, sondern laufen oft parallel nebeneinander her; so kann eine Person während einer Besprechung gleichzeitig auch noch Termine mit anderen Personen wahrnehmen, Anrufe beantworten und Kaffee trinken.

Erläuterung zu d):
Diese Antwort trifft insofern nicht zu, da Argentinier sehr wohl an effektivem Arbeiten interessiert sind und daran, ein Projekt voranzubringen. Es ist jedoch richtig, daß Arbeitstreffen auch dem Zweck dienen, soziale Strukturen und Kontakte aufrechtzuerhalten. Die Atmosphäre ist entspannter als wir sie aus Deutschland kennen und das, was besprochen werden muß, wird auch besprochen – wenn auch vielleicht nicht immer in dem jeweiligen Meeting.

- Beantworten Sie sich folgende Frage: Wie würden Sie sich in einer vergleichbaren Situation verhalten?
- Halten Sie Ihre Überlegungen stichpunktartig in schriftlicher Form fest.

■ **Lösungsstrategie**

Das in Argentinien vorherrschende polychrone Zeitverständnis führt dazu, daß unter anderem Verspätungen akzeptiert werden, wenn andere wichtige Dinge zuerst erledigt werden müssen. Handlungen laufen nicht wie in Deutschland nach einem festgefügten Zeitplan ab, sondern Pläne können spontan geändert und den aktuellen Gegebenheiten angepaßt werden. Ein Telefongespräch mit einem Freund kann dabei wichtiger erscheinen als das pünktliche Eintreffen zu einem Veranstaltungsbeginn, da persönliche Beziehungen in Argentinien einen sehr hohen Stellenwert haben. Außerdem kann man bei Argentiniern oft beobachten, wie sie mehrere Handlungen zur gleichen Zeit ausführen und nicht eine nach der anderen.

Vorschläge, wie Sie in einer vergleichbaren Situation handeln könnten:

- Bemühen Sie sich, diese Gegebenheiten zu akzeptieren und Ihr Mißfallen nicht zum Ausdruck zu bringen.
- Von Ihren Untergebenen könnten Sie verlangen, daß die Termine genau eingehalten werden. Vor allem im Umgang mit Kunden ist es jedoch empfehlenswert, die Verspätung zu akzeptieren.
- Teilen Sie sich Ihre Arbeit so ein, daß Sie die Zeit des Wartens auf das Eintreffen der anderen effektiv nutzen können.
- Versuchen Sie, sich den Gewohnheiten anzupassen und bringen Sie für Besprechungen Geduld auf.

Beispiel 17: Kneipenbummel

Situation

Michael verbringt im Rahmen eines Austauschprogramms ein Semester an einer argentinischen Universität. Eines Abends verabredet er sich mit seinem argentinischen Kommilitonen Raúl um 21.30 Uhr in einem Lokal. Michael ist pünktlich an der verabredeten Stelle und wartet. Als Raúl um 22.00 Uhr immer noch nicht erschienen ist, wird Michael langsam ungeduldig, und um 22.15 beschließt er zu gehen. Gerade in diesem Moment kommt Raúl an den Tisch und begrüßt Michael, als ob nichts gewesen wäre. Dieser hätte eine Entschuldigung oder zumindest eine Erklärung erwartet, kann aber keine Anzeichen von Schuldgefühl bei dem Argentinier feststellen.
Wie erklären Sie sich die Situation?

– Lesen Sie nun die Antwortalternativen nacheinander durch.
– Bestimmen Sie den Erklärungswert jeder Antwortalternative für die gegebene Situation und kreuzen Sie ihn auf der darunter befindlichen Skala entsprechend an. Es ist möglich, daß mehrere Antwortalternativen den gleichen Erklärungswert besitzen.

Deutungen

a) Raúl läßt Michael warten, um seine eigene Wichtigkeit zu demonstrieren.

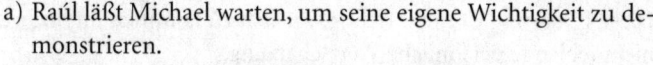

| sehr zutreffend | eher zutreffend | eher nicht zutreffend | nicht zutreffend |

b) Raúl hat eigentlich kein Interesse daran, sich mit Michael zu treffen.

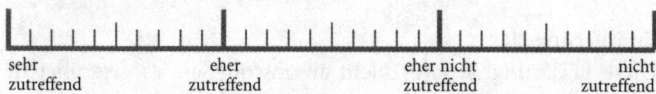

| sehr zutreffend | eher zutreffend | eher nicht zutreffend | nicht zutreffend |

c) Raúl hat den vereinbarten Zeitpunkt falsch verstanden und ging von 22.15 Uhr aus.

sehr zutreffend	eher zutreffend	eher nicht zutreffend	nicht zutreffend

d) Die vereinbarte Zeit ist für Raúl nur ein Anhaltspunkt.

sehr zutreffend	eher zutreffend	eher nicht zutreffend	nicht zutreffend

– Versuchen Sie, Ihre Einstufung jeder Antwortalternative zu begründen. Halten Sie die Begründung in schriftlicher Form stichpunktartig fest.
– Lesen Sie nun die Erläuterungen zu jeder Antwortalternative durch und vergleichen Sie diese mit Ihren eigenen Begründungen.

■ Bedeutungen

Erläuterung zu a):
Diese Antwort trifft nicht zu. Zeit hat eine andere Wertigkeit als in Deutschland und wird nicht als knappe Ressource angesehen. Eine andere Person warten zu lassen, ist somit in Argentinien ein ungeeignetes Mittel, Macht zu demonstrieren.

Erläuterung zu b):
Diese Erklärung ist nicht richtig. Zu spät zu kommen impliziert nicht fehlende persönliche Wertschätzung.

Erläuterung zu c):
Diese Erklärung ist zwar nicht auszuschließen; es liegt aber in dieser Situation eher nahe, daß das Zuspätkommen für den Argentinier keine so große Bedeutung hat und er sich nicht bewußt ist, daß der Deutsche eine Entschuldigung erwartet.

Erläuterung zu d):
Diese Antwort erklärt die Situation am besten. Argentinier haben weite Toleranzgrenzen bei Verspätungen, und es herrscht große Spontaneität im gesellschaftlichen Leben. Eine vereinbarte Zeit wird als ungefährer Anhaltspunkt betrachtet.

- Beantworten Sie sich folgende Frage: Wie würden Sie sich in einer vergleichbaren Situation verhalten?
- Halten Sie Ihre Überlegungen stichpunktartig in schriftlicher Form fest.

■ Lösungsstrategie

Zeit hat in Argentinien einen anderen Stellenwert als in Deutschland. Sie wird nicht als knappes Gut betrachtet, mit dem man sparsam umgehen. Zeitlimits und Termine werden als wenig bindend angesehen, sondern vielmehr als Richtwerte, die jedoch flexibel den aktuellen Gegebenheiten angepaßt werden können.

Vorschläge, wie Sie in einer vergleichbaren Situation handeln könnten:

- Sie sollten sich auf die zu erwartende Verspätung einstellen und sich in der Kunst der Geduld üben.
- Rechnen Sie nicht mit einer Erklärung bei Verspätung.
- Im privaten Bereich wird von Ihnen selten pünktliches Erscheinen erwartet.
- Sehen Sie Verspätungen nicht als Zeichen persönlicher Geringschätzung an.

■ Kulturelle Verankerung von »Polychrones Zeitverständnis«

Der argentinische Kulturstandard, der die vorangegangenen Situationen hauptsächlich erklärt, heißt *Polychrones Zeitverständnis*. Dieser Kulturstandard bezieht sich auf die Zeitorganisation, die Pünktlichkeit und die Wertschätzung von Zeit an sich.

Der Umgang mit Zeit ist in Argentinien von einem polychronen Zeitverständnis geprägt. Dies bedeutet, daß die verschiedensten Dinge zur selben Zeit erledigt werden und bestehende Zeitpläne den aktuellen Gegebenheiten flexibel angepaßt werden. Die genaue Einhaltung von zeitlichen Vereinbarungen hat nicht den selben Stellenwert wie in Deutschland. Verabredungen und Termine werden als weniger verbindlich und verpflichtend betrachtet. Es ist von nachrangiger Bedeutung, wieviel Zeit bestimmte Dinge in Anspruch nehmen oder zu welchem Zeitpunkt sie fertiggestellt sind. Zeitkontingente werden den Gegebenheiten angepaßt und nicht umgekehrt. Die Einhaltung von Zeitplänen ist dem Umgang mit den Mitmenschen und sozialen Ereignissen untergeordnet. Besonders der Kontakt mit nahestehenden Personen hat Vorrang vor anderweitigen zeitlichen Verpflichtungen.

Im Gegensatz zum polychronen Zeitverständnis steht die monochrone Zeitauffassung. Sie bezeichnet das in Nord- und Mitteleuropa und Nordamerika vorherrschende Zeitsystem, bei dem man sich immer nur auf eine Sache konzentriert und eins nach dem anderen erledigt wird. Zeit wird dabei linear wahrgenommen, das heißt in aufeinanderfolgende Teilabschnitte eingeteilt und verplant. Sie stellt ein Ordnungssystem für die Organisation des menschlichen Lebens dar, und es wird großer Wert auf Terminpläne und Pünktlichkeit gelegt. Vertreter des monochronen Systems halten Zeitpläne genau ein. Ist ihnen dies nicht möglich, fühlen sie sich zu einer Entschuldigung verpflichtet. Effektivität wird immer als erbrachte Leistung in bezug zur aufgewendeten Zeit gesehen. Wenn Zeit derart segmentiert ist, ist sie greifbar und man kann sie sparen, vergeuden, verlieren, aufholen oder beschleunigen. Gerade in Deutschland ist der Umgang mit Zeit besonders stark von einer monochronen Zeitauffassung geprägt.

Die beiden Zeitsysteme unterscheiden sich hinsichtlich der Einschätzung der Wichtigkeit von Zeit sowie der damit verbundenen Bewertung von bestimmten Verhaltensweisen. In monochronen Kulturen wie der deutschen wird Zeit als knappe und deshalb wertvolle Ressource angesehen. Für Deutsche bedeutet es einen Mangel an Respekt, jemanden warten zu lassen. Deutsche erwarten von dem, der zu spät kommt, zumindest eine Entschuldigung oder eine Begründung. Argentinier sehen dafür keine Notwendigkeit, da sie Verspätungen nicht als persönliche Geringschätzung werten.

Für Menschen mit einem polychronen Zeitverständnis kann eine monochrone Zeitorganisation kalt und unmenschlich erscheinen, da Pläne Vorrang vor den Bedürfnissen und Anliegen der beteiligten Personen haben. Die Beteiligten erscheinen als Sklaven der Uhr, die sich dem Zeitdruck unterordnen anstatt ihre

Prioritäten selbst zu setzen. Diese Verpflichtung gegenüber Zeitplänen läßt Vertreter eines monochronen Zeitverständnisses zudem als unflexibel und wenig spontan sowie als permanent gehetzt und unter Druck stehend erscheinen.

Im Überblick kontrastieren folgende Verhaltensweisen miteinander:

Monochrones Zeitverständnis	Polychrones Zeitverständnis
• Nur eine Sache zur selben Zeit erledigen; sich auf die momentane Arbeit konzentrieren; Störungen sind unerwünscht; Regeln der Privatsphäre und Rücksichtnahme werden befolgt.	• Mehrere Dinge gleichzeitig erledigen; Aufmerksamkeit wird geteilt; Unterbrechungen werden nicht als störend empfunden.
• Sachorientiert.	• Beziehungsorientiert.
• Zeitliche Verpflichtungen werden genau eingehalten.	• Zeitliche Verpflichtungen werden lockerer gehandhabt.
• Pläne werden eingehalten.	• Pläne werden geändert.
• Pünktlichkeit ist sehr wichtig.	• Pünktlichkeit hat einen relativ geringen Stellenwert.

Ein polychrones Zeitverständnis herrscht in Kulturen vor, in denen Beziehungsaspekte Vorrang vor Sachaspekten haben (vgl. »Simpatía«), da Bedürfnisse von nahestehenden Personen als wichtiger angesehen werden als etwa zeitliche Verpflichtungen. Ein polychrones Zeitverständnis ist zudem Artefakt einer informellen Kultur, in der Personen mit vielen verschiedenen Mitgliedern ihrer Großfamilie gleichzeitig interagierten. So ist der Familienzusammenhalt in Argentinien immer noch extrem wichtig und zeigt sich beispielsweise darin, daß es keine Seltenheit ist, wenn alle Mitglieder einer Familie – Großeltern, Onkel und Tanten, Cousins und Cousinen eingeschlossen – Wochenenden miteinander verbringen.

Hinzu kommt, daß die noch nicht so weit fortgeschrittene Industrialisierung Argentiniens mit einem polychronen Zeitverständnis besser harmoniert als mit durchstrukturierten Produktionsprozessen, wie sie in hochindustrialisierten Ländern zu finden sind.

Zu beachten ist auch, daß es in Ländern mit einem relativ schlecht ausgebauten Verkehrssystem schwierig ist, pünktlich zu sein, zumal auch unpünktliche öffentliche Verkehrsmittel und häufige Streiks Zeitpläne zur Makulatur machen.

■ Themenbereich 7: Flexibilität

■ Beispiel 18: Ohne Ende

■ Situation

Herr Briehl hält sich als Consultant in Argentinien auf. In vielen Besprechungen fällt ihm auf, daß bestimmte, vorher festgelegte Punkte nicht systematisch durchgegangen werden. Ein definierter Anfangs- und Endpunkt ist nicht gegeben, sondern die Besprechungen haben meistens ein offenes Ende. Zudem wird oft nicht an einer Linie entlang diskutiert oder nach Tagesordnungspunkten vorgegangen, sondern man beginnt mit einem Punkt und verhakt sich an diesem. Dann kommt man vom Zehnten ins Hundertste, vom Hundertsten ins Tausendste, und zum Schluß wird über ein Problem diskutiert, das in ein ganz anderes Meeting gehört oder einen ganz anderen Bereich betrifft. Nach Meinung von Herrn Briehl werden während solcher Diskussionen hauptsächlich Phrasen gedroschen, allein um zu diskutieren. Das eigentliche Problem wird oft nicht gelöst, sondern es wird über Probleme gesprochen, die gar nicht lösbar sind. Herr Briehl empfindet dies als anstrengend und zeitraubend.

Wie erklären Sie sich die Situation?

- Lesen Sie nun die Antwortalternativen nacheinander durch.
- Bestimmen Sie den Erklärungswert jeder Antwortalternative für die gegebene Situation und kreuzen Sie ihn auf der darunter befindlichen Skala entsprechend an. Es ist möglich, daß mehrere Antwortalternativen den gleichen Erklärungswert besitzen.

■ Deutungen

a) In Besprechungen konzentriert man sich nicht nur auf eine bestimmte, vorher festgelegte Sache, sondern es werden die verschiedensten Themen diskutiert, die in diesem Moment als wichtig erachtet werden.

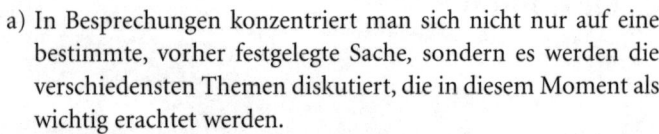

sehr zutreffend — eher zutreffend — eher nicht zutreffend — nicht zutreffend

b) Es wird nicht erwartet, daß das eigentliche Problem sofort gelöst wird, sondern es geht darum, Ideen auszutauschen.

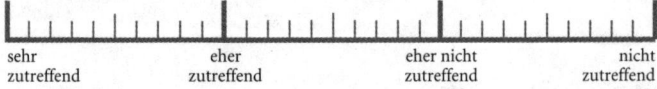

sehr zutreffend — eher zutreffend — eher nicht zutreffend — nicht zutreffend

c) Wer sich bemüht, strikt die Tagesordnung einzuhalten, gilt als unflexibel

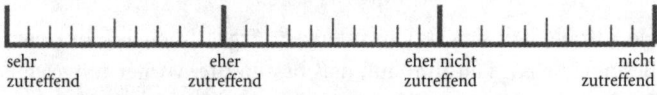

sehr zutreffend — eher zutreffend — eher nicht zutreffend — nicht zutreffend

d) Diskutieren hat nicht dieselbe Aufgabe wie in Deutschland. Es geht nicht in erster Linie darum, eine Lösung des Problems zu finden, sondern darum, vor den anderen gut dazustehen und sich selbst darzustellen. In dem die Argentinier weit ausholen, versuchen sie, ihr breites Wissen zu demonstrieren und somit Herrn Briehl zu beeindrucken.

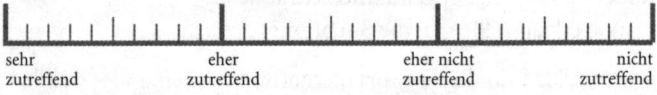

sehr zutreffend — eher zutreffend — eher nicht zutreffend — nicht zutreffend

- Versuchen Sie, Ihre Einstufung jeder Antwortalternative zu begründen. Halten Sie die Begründung in schriftlicher Form stichpunktartig fest.
- Lesen Sie nun die Erläuterungen zu jeder Antwortalternative durch und vergleichen Sie diese mit Ihren eigenen Begründungen.

Bedeutungen

Erläuterung zu a):
Dies ist die beste Antwort. Durch ein striktes Abhandeln der Tagesordnung würden unter Umständen wichtige Randbereiche nicht beachtet werden. Flexible Handhabung der Tagesordnungspunkte und freieres Diskutieren ermöglichen spontane Meinungsäußerung und weitgefächerte Ideenassoziationen.

Erläuterung zu b):
Diese Erklärung trifft weitgehend zu. Es ist meistens nicht Ziel einer Besprechung, möglichst schnell zu einem direkt umsetzbaren Ergebnis zu gelangen, sondern viele Ideen und Meinungen zusammenzutragen. Endgültige Entscheidungen fallen eher in Einzelgesprächen mit den maßgebenden Personen als in großen Besprechungen.

Erläuterung zu c):
Diese Antwort ist eher nicht zutreffend. Strukturierendes Vorgehen wird von Argentiniern geschätzt, solange sie die ihnen wichtig erscheinenden Themen und Ideen in die Diskussion einbringen können. Zu beachten ist dabei, daß sie sich von den Deutschen ernstgenommen und nicht eingeschränkt fühlen.

Erläuterung zu d):
Diese Erklärung trifft nicht zu. Es ist zwar richtig, daß Diskutieren eine andere Aufgabe hat, aber es dient sicherlich nicht in größerem Maß der Selbstdarstellung als in Deutschland.

- Beantworten Sie sich folgende Frage: Wie würden Sie sich in einer vergleichbaren Situation verhalten?
- Halten Sie Ihre Überlegungen stichpunktartig in schriftlicher Form fest.

Lösungsstrategie

In Argentinien wird Plänen und Tagesordnungen weniger Wichtigkeit zugemessen als in Deutschland. Die aufgelisteten zu behandelnden Themen werden nicht als Aufgaben verstanden, die zu einem bestimmten Zeitpunkt zu bearbeiten sind, sondern vielmehr als Anhaltspunkte, anhand derer eine Diskussion in Gang gesetzt wird. Wenn während dieser Diskussion nicht zum Thema gehörende, aber wichtig erscheinende Aspekte auftauchen, so werden diese ebenfalls mit in die Überlegungen einbezogen. Dieses flexible Vorgehen ermöglicht eine schnelle Änderung und Neugestaltung von Plänen zugunsten einer erweiterten Sichtweise auf ein bestimmtes Problem.

Vorschläge, wie Sie in einer vergleichbaren Situation handeln könnten:

- Versuchen Sie, sich an das Diskussionsverhalten der Argentinier anzupassen und die Richtung des Gesprächs eher indirekt zu beeinflussen.
- Denken Sie daran, daß das Herstellen einer guten Beziehung Voraussetzung für das Diskutieren sachlicher Themen ist. Eine hundertprozentige Sachorientierung ist nicht ausreichend für eine gute Zusammenarbeit mit Argentiniern.

■ Beispiel 19: Kindergeburtstag

■ Situation

Frau Graf lebt schon seit fast drei Jahren in Argentinien und schickt ihre Kinder dort zur Schule. Bei den Kindergeburtstagen werden selbstverständlich die ganze Schulklasse sowie die Kinder aus der Nachbarschaft eingeladen. Frau Graf lädt also in der Regel ungefähr vierzig Kinder ein. Sie weiß aber vorher nicht, ob fünfzig oder zwanzig Personen zum Fest erscheinen werden. Fünfzig Kinder könnten es sein, weil einige Leute andere Kinder, beispielsweise Freunde oder Geschwister mitbringen, und diese, ohne zu fragen, auf der Feier zurücklassen. Andererseits passiert es auch, daß ein Teil der Geladenen einfach nicht erscheint. Dies trifft nicht nur für Kindergeburtstage, sondern auch für andere private Feste zu. Frau Graf empfindet diese Unsicherheiten bei Einladungen ganz allgemein als sehr anstrengend und hat manchmal gar keine Lust mehr, Feste zu organisieren.

Wie erklären Sie sich diese Situation?

- Lesen Sie nun die Antwortalternativen nacheinander durch.
- Bestimmen Sie den Erklärungswert jeder Antwortalternative für die gegebene Situation und kreuzen Sie ihn auf der darunter befindlichen Skala entsprechend an. Es ist möglich, daß mehrere Antwortalternativen den gleichen Erklärungswert besitzen.

■ Deutungen

a) Die Argentinier gehen davon aus, daß die deutsche Familie es sich leisten kann, viele Kinder zu bewirten.

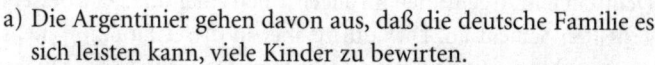

sehr zutreffend   eher zutreffend   eher nicht zutreffend   nicht zutreffend

b) In Argentinien ist es unüblich, ein Fest auf eine bestimmte Teilnehmerzahl zu begrenzen. Wenn gefeiert wird, ist das Mitbringen von anderen selbstverständlich.

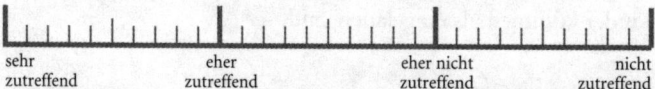

sehr zutreffend   eher zutreffend   eher nicht zutreffend   nicht zutreffend

c) Kindergeburtstage sind in Argentinien eine willkommene Alternative, Kosten für ein Kindermädchen zu sparen.

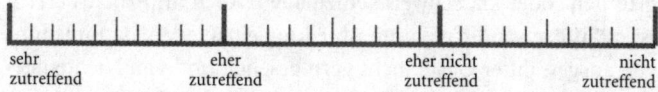

sehr zutreffend   eher zutreffend   eher nicht zutreffend   nicht zutreffend

d) Einladungen werden unverbindlich und flexibel gehandhabt, deshalb ist beim Fernbleiben nicht unbedingt eine Absage nötig.

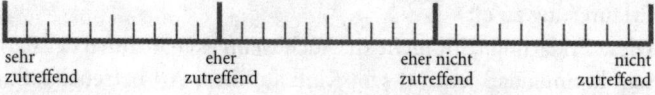

sehr zutreffend   eher zutreffend   eher nicht zutreffend   nicht zutreffend

- Versuchen Sie, Ihre Einstufung jeder Antwortalternative zu begründen. Halten Sie die Begründung in schriftlicher Form stichpunktartig fest.

– Lesen Sie nun die Erläuterungen zu jeder Antwortalternative durch und vergleichen Sie diese mit Ihren eigenen Begründungen.

■ Bedeutungen

Erläuterung zu a):
Diese Antwort erklärt die Situation nicht. Zwar gehören die Deutschen in Argentinien im allgemeinen einer finanziell bessergestellten Schicht an. Dies dürfte aber in dieser Situation nicht der ausschlaggebende Grund dafür sein, daß weniger oder mehr Kinder kommen als eingeladen sind.

Erläuterung zu b):
Diese Antwort erklärt die Situation am besten. Einladungen von Kindern und Jugendlichen in Argentinien werden immer sehr flexibel gehandhabt. In Kindergarten und Schule ist es üblich, gruppen- oder klassenweise einzuladen. Auch im Arbeitsbereich ist es Sitte, etwa die gesamte Abteilung einzuladen, da Einladungen ausgewählter Gäste nicht gern gesehen und von Nichteingeladenen als Ausschluß verstanden werden. Das Mitbringen von weiteren Personen (»los colados« – »die Angeklebten«) ist üblich.

Erläuterung zu c):
Diese Erklärung trifft nicht zu. Auch wenn es manchmal der Fall sein könnte, daß jemand sein Kind auf diese Art betreuen läßt, wird die Situation durch eine andere Antwort besser erklärt.

Erläuterung zu d):
Diese Erklärung ist ebenfalls zutreffend. Es ist Ausdruck einer allgemeinen größeren Spontaneität und Flexibilität im gesellschaftlichen Leben, daß Einladungen nicht als so verbindlich angesehen werden wie in Deutschland.

– Beantworten Sie sich folgende Frage: Wie würden Sie sich in einer vergleichbaren Situation verhalten?

- Halten Sie Ihre Überlegungen stichpunktartig in schriftlicher Form fest.

■ Lösungsstrategie

Nicht nur im Berufs- auch im Privatleben und bei gesellschaftlichen Anlässen herrscht in Argentinien große Spontaneität und Flexibilität. Da meist sehr kurzfristig entschieden wird, wie man einen Abend oder ein Wochenende verbringen will, wäre es für Argentinier unverständlich, Verabredungen oder Zusagen schon Tage oder Wochen im voraus zu treffen. Wenn man sich dann dafür entscheidet, einer Einladung nicht zu folgen, ist es nicht unbedingt nötig, abzusagen und sich dafür zu entschuldigen. Ausnahmen bilden formelle Einladungen. Andererseits ist es auch kein Problem, weitere Personen, die nicht eingeladen sind, zu einem Fest mitzubringen. Gerade unter jungen Leuten ist es dabei üblich, daß jeder Gast etwas zu dem Fest beisteuert, etwa Getränke oder Speisen, und dem Gastgeber die Bewirtung nicht allein überlassen wird.

Vorschläge, wie Sie in einer vergleichbaren Situation handeln könnten:

- Bitten Sie bei einer Einladung unter Hinweis auf die notwendigen Einkäufe um eine Rückmeldung.
- Seien Sie flexibel in der Organisation von Festen und auf eine größere Anzahl von Gästen vorbereitet.

■ Kulturelle Verankerung von »Flexibilität«

Der argentinische Kulturstandard, der die vorangegangenen Situationen hauptsächlich erklärt, heißt *Flexibilität*. Dieser Kulturstandard beschreibt das kurzfristige Planungsverhalten, den flexiblen Umgang mit bestehenden Plänen und das Improvisationstalent der Argentinier.

Argentiniern ist das in Deutschland übliche langfristige Planen fremd. Besonders im Freizeitleben wird oft erst kurz vorher entschieden, was unternommen werden soll. Die wenigsten kaufen Karten für Theateraufführungen oder Konzerte Tage oder gar Wochen vor der Veranstaltung. Dementsprechend gute Chancen hat man, an der Abendkasse noch Karten zu bekommen. Es ist also nicht erforderlich, einen Konzertbesuch lange im voraus zu planen.

Ist einmal ein Plan gefaßt, so wird nicht starr an ihm festgehalten, sondern es besteht jederzeit die Möglichkeit, einzelne Teile oder den ganzen Plan wieder zu ändern. Dies zeigt sich beispielsweise auch in Verhandlungen, in denen Argentinier sich nicht streng an vorher festgelegte Tagesordnungspunkte halten, sondern Themen diskutieren, die ihnen gerade wichtig erscheinen. Deutsche, die eher pragmatisch und ergebnisorientiert in eine Besprechung hineingehen, vertrauen auf formalisierte Diskussions- und Entscheidungsprozesse. Sie sind es gewohnt, sich an vorab festgelegte Ablaufpläne zu halten. Argentinier können dies als Einengung empfinden und ziehen es vor, wenn sich die Agenda dynamisch entwickelt.

Dieser lockere Umgang mit Plänen und die daraus erwachsenden Verpflichtungen verschaffen Argentiniern eine gewisse Freiheit, da sie erst im jeweiligen Moment entscheiden müssen, ob und wie sie eine Sache ausführen wollen. Da der Alltag in Argentinien nicht so streng durchorganisiert und geplant ist wie in Deutschland, ergeben sich natürlich viele Situationen, in denen schnell eine kurzfristige Lösung gefunden und improvisiert werden muß. Dies ist für Argentinier jedoch kein Problem. Deutsche werden erstaunt sein, wie findig und schnell Argentinier unkonventionelle Lösungen umsetzen, die ihren Zweck durchaus erfüllen.

Während Deutsche in ihrer Planung großen Wert auf eine theoriegeleitete Ausarbeitung des Für und Widers eines geplanten Projektes legen, sind Argentinier schneller dazu bereit, eine Idee einfach auszuprobieren.

Themenbereich 8: Unverbindlicher Umgang mit Absprachen

Beispiel 20: Der Kinobesuch

Situation

Der deutsche Student Thomas hält sich für ein Praktikum einige Monate in Argentinien auf und wohnt in einer Wohngemeinschaft mit argentinischen Studenten zusammen, mit denen er sich recht gut versteht. Eines Tages wird für den darauffolgenden Abend ein gemeinsamer Kinobesuch verabredet. Thomas freut sich darauf und nimmt sich für diesen Abend nichts vor. Als er jedoch am nächsten Tag nach Hause kommt, haben seine argentinischen Mitbewohner andere Pläne für den Abend. Von dem Kinobesuch ist keine Rede mehr, worüber Thomas sehr enttäuscht ist, denn es ist schließlich nicht das erste Mal, daß seine Mitbewohner ihn versetzt haben.

Wie erklären Sie sich die Situation?

- Lesen Sie nun die Antwortalternativen nacheinander durch.
- Bestimmen Sie den Erklärungswert jeder Antwortalternative für die gegebene Situation und kreuzen Sie ihn auf der darunter befindlichen Skala entsprechend an. Es ist möglich, daß mehrere Antwortalternativen den gleichen Erklärungswert besitzen.

Deutungen

a) Ins Kino gehen ist in Argentinien verhältnismäßig teuer, und Studenten können sich dies nicht leisten, deshalb ändern die argentinischen Mitbewohner ihren Plan.

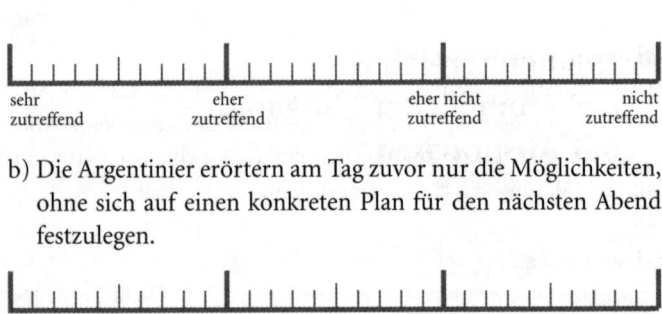

| sehr zutreffend | eher zutreffend | eher nicht zutreffend | nicht zutreffend |

b) Die Argentinier erörtern am Tag zuvor nur die Möglichkeiten, ohne sich auf einen konkreten Plan für den nächsten Abend festzulegen.

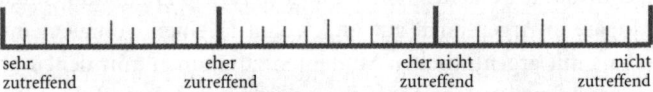

| sehr zutreffend | eher zutreffend | eher nicht zutreffend | nicht zutreffend |

c) Die Argentinier haben sich über den Deutschen unterhalten und sind untereinander zu dem Ergebnis gekommen, Distanz zu ihm zu wahren.

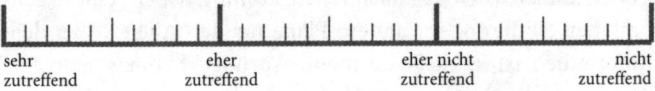

| sehr zutreffend | eher zutreffend | eher nicht zutreffend | nicht zutreffend |

d) Entscheidungen werden erst unmittelbar vor dem Ereignis getroffen und ebenso kurzfristig wieder umgeworfen.

| sehr zutreffend | eher zutreffend | eher nicht zutreffend | nicht zutreffend |

- Versuchen Sie, Ihre Einstufung jeder Antwortalternative zu begründen. Halten Sie die Begründung in schriftlicher Form stichpunktartig fest.
- Lesen Sie nun die Erläuterungen zu jeder Antwortalternative durch und vergleichen Sie diese mit Ihren eigenen Begründungen.

■ Bedeutungen

Erläuterung zu a):
Diese Antwort trifft eher nicht zu. Es ist richtig, daß ein Kinobesuch in Argentinien verhältnismäßig teuer ist, jedoch dürfte der Preis in diesem Fall nicht ausschlaggebend sein, da die Argentinier dies sonst aller Wahrscheinlichkeit nach gesagt hätten.

Erläuterung zu b):
Diese Erklärung beschreibt die Situation am besten. Lockere Abmachungen dieser Art sind eher Ausdruck des generellen Wollens, etwas gemeinsam zu unternehmen und nicht gleichzusetzen mit einer definitiven Handlungsabsicht.

Erläuterung zu c):
Diese Antwort trifft am wenigsten zu. Es ist kein Grund ersichtlich, warum die Argentinier Thomas ablehnen sollten. Das Absagen der Verabredung bedeutet nicht zwangsläufig, daß sie mit ihm nichts unternehmen möchten.

Erläuterung zu d):
Diese Erklärung trifft eher zu. Spontaneität wird gerade im gesellschaftlichen Bereich groß geschrieben, und Freizeitaktivitäten werden oft erst im letzten Moment je nach Lust und Laune geplant.

- Beantworten Sie sich folgende Frage: Wie würden Sie sich in einer vergleichbaren Situation verhalten?
- Halten Sie Ihre Überlegungen stichpunktartig in schriftlicher Form fest.

■ Lösungsstrategie

Wie schon in Beispiel 19 dargestellt, gestaltet sich das soziale Leben in Argentinien sehr flexibel und spontan. Das bringt es auch mit sich, daß zwar Pläne über eventuelle Unternehmungen geschmiedet werden, diese jedoch noch keinen verbindlichen Charakter haben und im Laufe der Zeit geändert werden können. Aus dem Kulturstandard »Gegenwartsorientierung« ergibt sich, daß eher den momentanen Gefühlen und Bedürfnissen nachgegangen wird als bereits bestehende Pläne zu berücksichtigen. Eine Entscheidung über eine gemeinsame Freizeitaktivität kann also jeweils nach Lust und Laune oder nach veränderten Rahmenbedingungen jederzeit wieder verändert werden. Argentinier fühlen sich nicht dadurch verpflichtet, daß sie in der Vergangenheit bestimmte Abmachungen getroffen haben, wenn die aktuellen Umstände eine andere Aktivität vorteilhafter erscheinen lassen.

Vorschläge, wie Sie in einer vergleichbaren Situation handeln könnten:

- Sprechen Sie Ihr Gegenüber darauf an. Machen Sie deutlich, welche Bedeutung Sie dem Kinobesuch beimessen. Die spontane Änderung des Plans könnte genauso gut wieder verworfen werden.
- Sehen Sie einen solchen Vorfall nicht als persönlichen Ausschluß an, und versuchen Sie, an der neuen Aktivität teilzunehmen.
- Versuchen Sie, flexibel in der Freizeitgestaltung zu sein. Das Planen von Freizeitaktivitäten und Abenden anhand des Kalenders über Tage oder Wochen hinaus ist unüblich.
- Bestehen Sie nicht darauf, das Vorhaben durchführen zu wollen, nur weil es abgemacht wurde. Sie würden auf Unverständnis stoßen und als unflexibel angesehen werden.
- Drücken Sie Ihren Unmut lieber humorvoll aus als Ihr Gegenüber direkt anzugreifen. Sie würden auf Unverständnis und Ablehnung stoßen. Deutsche können mit ihrer Direktheit anecken.

■ Beispiel 21: Das Vorgespräch

■ Situation

Herr Müller lebt seit einigen Jahren in Argentinien und betreibt dort eine Unternehmensberatung. Als er von dem Vertreter einer Firma, Señor Guardía, wegen eines Projekts angerufen wird, trifft er sich mit diesem zu einem Vorgespräch, in dem über den Beratungsvorgang, den Zeitplan und die finanziellen Forderungen gesprochen wird. Señor Guardía sagt Herrn Müller zu, ihn am nächsten Tag anzurufen. Herr Müller hört jedoch nie wieder etwas von ihm. Er empfindet dieses Verhalten als sehr respektlos und fühlt sich in seiner Ansicht bestärkt, daß Argentinier im allgemeinen sehr unzuverlässig sind.

Wie erklären Sie sich die Situation?

- Lesen Sie nun die Antwortalternativen nacheinander durch.
- Bestimmen Sie den Erklärungswert jeder Antwortalternative für die gegebene Situation und kreuzen Sie ihn auf der darunter befindlichen Skala entsprechend an. Es ist möglich, daß mehrere Antwortalternativen den gleichen Erklärungswert besitzen.

■ Deutungen

a) Das Äußern der Absicht anzurufen, ist für Herrn Müller eine verbindliche Abmachung, für den Argentinier hingegen nicht.

| sehr zutreffend | eher zutreffend | eher nicht zutreffend | nicht zutreffend |

b) Der Argentinier war mit der Beratung von Herrn Müller unzufrieden. Der nicht erfolgte Rückruf bedeutet somit mangelndes Interesse an einem gemeinsamen Geschäft.

| sehr zutreffend | eher zutreffend | eher nicht zutreffend | nicht zutreffend |

c) Eine direkte Ablehnung des Angebots von Herrn Müller erscheint Señor Guardía als unhöflich.

| sehr zutreffend | eher zutreffend | eher nicht zutreffend | nicht zutreffend |

d) Argentinier sind im allgemeinen unzuverlässig, und Herr Müller sollte sich darauf einstellen.

| sehr zutreffend | eher zutreffend | eher nicht zutreffend | nicht zutreffend |

- Versuchen Sie, Ihre Einstufung jeder Antwortalternative zu begründen. Halten Sie die Begründung in schriftlicher Form stichpunktartig fest.

– Lesen Sie nun die Erläuterungen zu jeder Antwortalternative durch und vergleichen Sie diese mit Ihren eigenen Begründungen.

■ Bedeutungen

Erläuterung zu a):
Diese Erklärung beschreibt die Situation am besten. Der Argentinier bedankt sich nach dem Gespräch mit der höflichen Floskel, daß er Herrn Müller anrufen werde, ohne für sich damit eine Verpflichtung einzugehen.

Erläuterung zu b):
Diese Antwort trifft eher nicht zu. Es ist zwar möglich, daß Señor Guardía nicht an einem Geschäft interessiert ist, jedoch sollte Herr Müller lediglich aufgrund des fehlenden Anrufs nicht darauf schließen. Diese Situation wird durch eine andere Erklärung besser beschrieben.

Erläuterung zu c):
Diese Erklärung trifft eher nicht zu. Es könnte sein, daß dem Argentinier eine persönliche direkte Absage als zu unhöflich erscheint und er deshalb zusagt, Herrn Müller anzurufen. Wahrscheinlicher ist jedoch eine andere Erklärung dieser Situation.

Erläuterung zu d):
Diese Erklärung trifft nicht zu. Argentinier erscheinen nur aus deutscher Sicht unzuverlässig, da Deutsche Abmachungen als weitaus verpflichtender ansehen und sich somit versetzt fühlen. Für Argentinier haben solche Aussagen nicht den gleichen Verbindlichkeitscharakter. Señor Guardía ist sich nicht bewußt, daß er Herrn Müller vor den Kopf stößt und dieser fest mit der Einhaltung der Zusage rechnet.

– Beantworten Sie sich folgende Frage: Wie würden Sie sich in einer vergleichbaren Situation verhalten?

- Halten Sie Ihre Überlegungen stichpunktartig in schriftlicher Form fest.

Lösungsstrategie

Wenn Argentinier bestimmte Zusagen machen, so ergibt sich für sie daraus nicht automatisch eine Verpflichtung, diese auch einzuhalten. Dabei haben unter Umständen die Absprachen momentan durchaus Gültigkeit, sie verlieren diese jedoch, wenn andere Gegebenheiten eintreten. Es ist aus ihrer Sicht auch keine Entschuldigung erforderlich, wenn eine gemachte Zusage nicht eingehalten wird. Abmachungen, die für Deutsche einen konkreten Handlungsvorsatz bedeuten, drücken für Argentinier eher eine generelle gute Absicht aus, etwas zu tun, ohne daß man damit gleich die Verpflichtung eingeht, das Gesagte auch umzusetzen.

Vorschläge, wie Sie in einer vergleichbaren Situation handeln könnten:

- Ergreifen Sie selbst die Initiative! Zwischenzeitlich könnte viel passiert sein (z. B. könnte das Telefon von Señor Guardía defekt sein). Fragen Sie nach einigen Tagen bei der Firma nach.
- Wenn Sie versuchen, erstmals geschäftlich in Argentinien Fuß zu fassen, sollten Sie nicht vergessen, daß in den Sommermonaten Dezember bis Februar viele Firmen geschlossen haben und geschäftliche Tätigkeiten auf ein Minimum zurückgefahren werden. Für größere Kaufentscheidungen und Vertragsabschlüsse ist dieser Zeitraum daher ungünstig.

Beispiel 22: Geduld

Situation

Herr Burg lebt seit zwei Jahren in Argentinien. Er findet es schwierig, tiefere Freundschaften mit Argentiniern aufzubauen. Er hat sich schon ein paar mal zum Ausgehen oder zu anderen gemeinsamen Aktivitäten mit seinem Freund Diego verabredet.

Sie hatten beispielsweise vereinbart, daß Diego ihn um 23.00 Uhr abholt. Diego erschien jedoch nicht und rief auch nicht an. Es ist Christian schon mehrmals passiert, daß seine argentinischen Freunde nicht wie vereinbart kamen oder nicht angerufen haben, um abzusagen oder sich zu entschuldigen. Herr Burg ist von diesem Verhalten sehr enttäuscht.

Wie erklären Sie sich die Situation?

■ Deutungen

a) Diego hat eigentlich gar keine Lust, mit Herrn Burg auszugehen, wollte es ihm aber nicht direkt sagen.

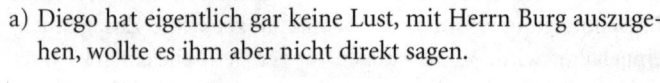

| sehr zutreffend | eher zutreffend | eher nicht zutreffend | nicht zutreffend |

b) Sobald Argentinier eine bestimmte Anzahl von Freunden haben, sind sie nicht mehr daran interessiert, neue Leute kennen zu lernen, schon gar nicht Ausländer.

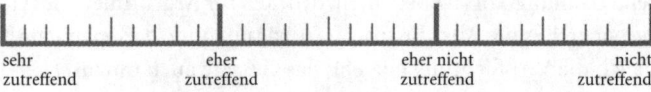

| sehr zutreffend | eher zutreffend | eher nicht zutreffend | nicht zutreffend |

c) Herr Burg ist unglücklicherweise an Argentinier geraten, die schlechte Umgangsformen pflegen.

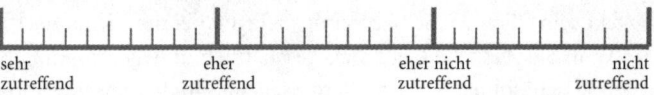

| sehr zutreffend | eher zutreffend | eher nicht zutreffend | nicht zutreffend |

d) Abmachungen werden nicht als verpflichtend verstanden.

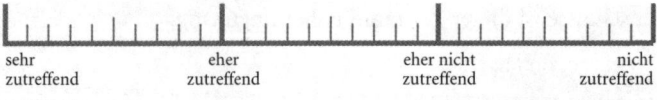

| sehr zutreffend | eher zutreffend | eher nicht zutreffend | nicht zutreffend |

– Versuchen Sie, Ihre Einstufung jeder Antwortalternative zu begründen. Halten Sie die Begründung in schriftlicher Form stichpunktartig fest.

– Lesen Sie nun die Erläuterungen zu jeder Antwortalternative durch und vergleichen Sie diese mit Ihren eigenen Begründungen.

■ Bedeutungen

Erläuterung zu a):
Diese Erklärung trifft nicht zu. Wenn Diego von vornherein keine Lust gehabt hätte, hätte er versucht, einer direkten Verabredung aus dem Wege zu gehen.

Erläuterung zu b):
Diese Erklärung trifft ebenfalls nicht zu. Argentinier sind sehr offen und durchaus bereit, neue Leute kennen zu lernen.

Erläuterung zu c):
Diese Antwort trifft nicht zu. Da für Argentinier Abmachungen nicht den gleichen Verbindlichkeitscharakter haben, ist sich Diego nicht bewußt, daß Herr Burg mit einer festen Einhaltung der Zusage rechnet oder auf eine Absage wartet.

Erläuterung zu d):
Diese Erklärung trifft zu. Deutsche sehen Abmachungen als weitaus verpflichtender an und fühlen sich bei Nichteinhaltung verletzt, da dies für sie eine persönliche Geringschätzung impliziert.

– Beantworten Sie sich folgende Frage: Wie würden Sie sich in einer vergleichbaren Situation verhalten?
– Halten Sie Ihre Überlegungen stichpunktartig in schriftlicher Form fest.

■ Lösungsstrategie

Gerade im privaten Bereich geht man in Argentinien mit Verabredungen sehr locker um. Ein einmal gefaßter Plan drückt zunächst einmal nur die Absicht aus, etwas gemeinsam zu unternehmen, und weniger den Vorsatz, das Geplante auch auszuführen. Wenn zu einem späteren Zeitpunkt eine andere Aktivität attraktiver erscheint, so werden bestehende Pläne schnell geändert. Da Argentinier aus ihrer Sicht mit einer bestimmten Abmachung nicht die Verpflichtung eingehen, dieser nachzukommen, ergibt sich für sie auch nicht die Notwendigkeit einer Entschuldigung bei Nichteinhaltung. Deutsche neigen dazu, Gesagtes sehr wörtlich aufzufassen, während Argentinier eine Zusage nicht als wörtlich gemeint und somit verbindlich ansehen.

Vorschläge, wie Sie in einer vergleichbaren Situation handeln könnten:

- Vergewissern Sie sich kurz vor jedem verabredeten Treffen noch einmal telefonisch, daß die Verabredung noch gültig ist.
- Bauen Sie keine zu großen Erwartungen auf, daß getroffene Zusagen auch immer eingehalten werden.

■ Beispiel 23: La Fiesta

■ Situation

Frau Rieder lädt gern Gäste zum Abendessen oder zu ihrem Geburtstag ein. Sie wundert sich jedes mal wieder über das Verhalten der Argentinier, denn zuverlässiges Erscheinen ist nicht gewährleistet. Selbst wenn sie nur zwei oder drei Paare einlädt, ist es nicht sicher, daß auch nur eines von ihnen kommt. Zu einem späteren Zeitpunkt geben sie auch keine Erklärung oder Entschuldigung dafür ab, warum sie nicht erschienen sind. Sie erwähnen vielleicht im Nebensatz: »Ach, vor 14 Tagen war's so schön an dem Bach, da sind wir geblieben. Ach ja stimmt, da war Dein Geburtstagsfest, aber deswegen konnten wir nicht kommen.« Für Frau Rieder reichen derartige Gründe nicht aus, um einer Einladung nicht zu folgen.

Wie erklären Sie sich diese Situation?

■ Deutungen

a) Es ist in Argentinien nicht üblich, verbindliche Einladungen in kleinem Kreis vorzunehmen, sondern es werden grundsätzlich große Feste gefeiert, wo es auf das Erscheinen des einzelnen Gastes nicht ankommt.

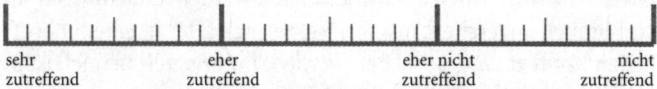

sehr zutreffend — eher zutreffend — eher nicht zutreffend — nicht zutreffend

b) Einladungen werden als weniger verbindlich betrachtet.

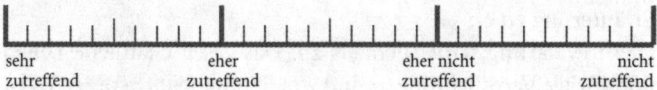

sehr zutreffend — eher zutreffend — eher nicht zutreffend — nicht zutreffend

c) Die Entscheidung, einer Einladung zu folgen, wird erst kurzfristig getroffen und ebenso spontan wieder geändert.

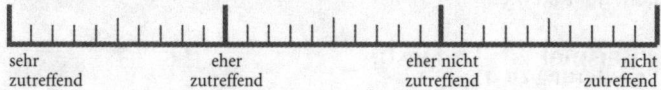

sehr zutreffend — eher zutreffend — eher nicht zutreffend — nicht zutreffend

d) Organisierte Feste werden als nicht besonders attraktiv und langweilig angesehen.

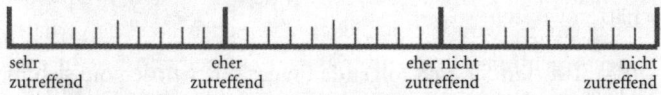

sehr zutreffend — eher zutreffend — eher nicht zutreffend — nicht zutreffend

– Versuchen Sie, Ihre Einstufung jeder Antwortalternative zu begründen. Halten Sie die Begründung in schriftlicher Form stichpunktartig fest.
– Lesen Sie nun die Erläuterungen zu jeder Antwortalternative durch und vergleichen Sie diese mit Ihren eigenen Begründungen.

■ Bedeutungen

Erläuterung zu a):
Diese Erklärung trifft eher nicht zu. Argentinier feiern auch in kleinem Kreis und fühlen sich dann auch verpflichtet zu kom-

men. Hier ist anzunehmen, daß sie nicht davon gewußt haben, daß nur einige wenige Gäste eingeladen wurden. Vor allem unter jungen Leuten sind große Feste tatsächlich eher üblich.

Erläuterung zu b):
Diese Antwort trifft zu. Grundsätzlich werden Einladungen als verbindlich angesehen, insofern sie formell oder in einem beruflichen Kontext ausgesprochen werden. Im privaten Bereich ist es jedoch normal, Einladungen nicht als verpflichtend anzusehen.

Erläuterung zu c):
Diese Erklärung trifft ebenfalls zu. Das gesellschaftliche Leben und soziale Verpflichtungen sind von Spontaneität geprägt. Es ist durchaus möglich, daß es den Eingeladenen in dem Moment an einem anderen Ort besser gefallen hat und sie es vorgezogen haben, dort zu bleiben.

Erläuterung zu d):
Diese Antwort ist falsch. Es ist zwar richtig, daß Argentinier die Idee, ein Fest zu veranstalten, oft erst sehr kurzfristig umsetzen, dies bedeutet jedoch nicht, daß sie gut organisierte Feste nicht zu schätzen wüßten.

- Beantworten Sie sich folgende Frage: Wie würden Sie sich in einer vergleichbaren Situation verhalten?
- Halten Sie Ihre Überlegungen stichpunktartig in schriftlicher Form fest.

■ Lösungsstrategie

Einladungen, die im privaten Bereich von Bekannten ausgesprochen werden, werden in Argentinien eher locker gehandhabt. Aus einer spontanen Zusage folgt nicht die Verpflichtung, dort auch tatsächlich zu erscheinen, vor allem, wenn angenommen wird, daß viele Leute zu dem Fest eingeladen sind. Aus den Kulturstandards »Flexibilität« und »Gegenwartsorientierung« ergibt sich, daß je nach momentanem Gefühlszustand Pläne ad hoc geändert und andere Aktivitäten vorgezogen werden.

Vorschläge, wie Sie in einer vergleichbaren Situation handeln könnten:

- Sie können vorher nachfragen, ob die Eingeladenen die Einladung bestätigen können. Tun Sie dies aber mit viel Vorsicht und vermeiden Sie es, Druck zu vermitteln.
- Rufen Sie am Morgen der Einladung ihre Gäste kurz an, um sicher zu sein, daß sie kommen.
- Laden Sie entfernte Bekannte nicht zu einem richtigen Festessen, nach deutscher Sitte mit gedecktem Tisch, in ihr eigenes Haus ein. Solche Einladungen sind auf enge Freunde und die Familie beschränkt. Eine Ausnahme sind Geschäftsessen. Hier ist eine Einladung in das eigene Haus eine Wertschätzung gegenüber dem argentinischen Partner.

■ Kulturelle Verankerung von »Unverbindlicher Umgang mit Absprachen«

Der argentinische Kulturstandard, der die vorangegangenen Situationen hauptsächlich erklärt, heißt *Unverbindlicher Umgang mit Absprachen*. Dieser Kulturstandard bezieht sich auf die Gültigkeit und Verbindlichkeit von zwischen Personen getroffenen Vereinbarungen.

Ein in Argentinien üblicher unverbindlicher Umgang mit Absprachen bringt mit sich, daß Abmachungen zwar eine allgemeine Gültigkeit und Verbindlichkeit haben, diese aber verlieren, wenn den Handelnden im Verlauf der Ereignisse andere Verbindlichkeiten wichtiger erscheinen. Eine einmal getroffene Absprache kann in der konkreten Situation dann den Zwang zur strikten Einhaltung verlieren.

Eine Absprache impliziert zudem nicht automatisch eine Handlungsabsicht, sondern kann auch nur Ausdruck eines generellen Wollens sein, etwas gemeinsam zu unternehmen. Manchmal ist das Gesagte auch nur eine höfliche Floskel. Eine Zusage ist nicht immer wortwörtlich und für bare Münze zu nehmen. Es werden Versprechungen und Pläne gemacht, ohne die damit verbundenen Konsequenzen im Detail zu berücksichtigen, denn eine Zusage wird nicht gleich als Verpflichtung gesehen.

Dagegen gilt eine Abmachung für Deutsche immer als verbindlich und fest ausgemacht. Sie sind es nicht gewohnt, bei der Verbindlichkeit von Abmachungen zu differenzieren und kommen somit oft automatisch zu dem Schluß, daß Argentinier unzuverlässig seien. Für Deutsche kommt hinzu, sich bei Nichteinhaltung einer Abmachung persönlich nicht wertgeschätzt zu fühlen. Da sich Argentinier aber aus ihrer Sicht von vornherein nicht festgelegt haben, sind sie sich auch keiner Unhöflichkeit oder Schuld bewußt. Deutsche verlassen sich in der Regel fest auf das Erscheinen des anderen. Für sie ist es schwer, mit der Nichteinhaltung von Zusagen umzugehen.

Weiterhin ist bei Absprachen zu beachten, daß Argentinier höflich sind und selten eine Bitte direkt abschlagen. Sie werden sie aber auch nicht erfüllen, wenn sie keine Lust dazu haben. Sie sagen manches zu, unter der stillschweigenden Voraussetzung, daß es nicht wörtlich genommen wird, da ihnen eine direkte Absage als unhöflich erscheint.

Im beruflichen Bereich wird die Verbindlichkeit von Vereinbarungen ebenfalls anders bewertet als in Deutschland: Besprechungsergebnisse und Beschlüsse – unabhängig davon, ob in mündlicher oder schriftlicher Form – werden in Kulturen wie der deutschen, in denen ein hohes Maß an Unsicherheit und Ungewißheit als belastend empfunden wird, als endgültig und bindend angesehen. In anderen Kulturen wie auch der argentinischen dagegen werden Vereinbarungen eher als grobe Richtlinien angesehen, die noch bis kurz vor dem endgültigen Ablieferungs- oder Fertigstellungstermin korrigierbar und neu aushandelbar sind (vgl. »Gegenwartsorientierung«). Während diese zuletzt genannte Einstellung den an Regeleinhaltung gewöhnten Geschäftspartnern als Unzuverlässigkeit erscheint, ist es den ambiguitätstoleranten Partnern unverständlich, weshalb man sich trotz aller Unwägbarkeiten bereits soweit im voraus festlegen muß.

Die argentinischen Kulturstandards im Überblick und im Zusammenhang

Simpatía

»Simpatía« bezeichnet den herzlichen, persönlichen Umgang miteinander. Das gilt sowohl für das Privat- wie auch das Geschäftsleben. Die Verbindung von Sachlichem und Persönlichem im Geschäftsleben ist vom Streben nach Harmonie geprägt. Dieses Harmoniebestreben impliziert eine generelle Vermeidung persönlicher Konflikte. Es herrscht die Tendenz vor, positives Verhalten in angenehmen Situationen zu betonen und negatives Verhalten in kritischen Situationen zu vermeiden.

Buena Presencia

»Buena Presencia« besagt, daß für Argentinier das Präsentieren der eigenen Person von großer Bedeutung ist und deswegen auch auf das äußere persönliche Erscheinungsbild großen Wert gelegt wird. Es gibt eine klare Trennung von Außenwelt, in der repräsentiert wird, und Privatsphäre, die nur guten Bekannten und der Familie zugänglich ist.

Hierarchieorientierung

»Hierarchieorientierung« beschreibt den Umgang mit Autoritäten. Argentinier akzeptieren große Machtgefälle und Entscheidungsprozesse, die nach patriarchalen Muster ablaufen.

■ Ambivalente nationale Identität

»Ambivalente nationale Identität« meint die zwiespältige Einstellung der Argentinier zu ihrem Land. Einerseits sind Argentinier sehr stolz auf ihre eigene Nation und zeigen eine teilweise stark ausgeprägt abwertende Haltung und Abgrenzung gegenüber anderen südamerikanischen Ländern, andererseits gibt es eine enorme Bewunderung für Europa und die USA.

■ Gegenwartsorientierung

»Gegenwartsorientierung« will sagen, daß bei Argentiniern die momentanen Gefühle dominieren und das positive Erleben der Gegenwart im Vordergrund steht. Es wird mehr für das Hier und Heute gelebt als für eine langfristige Planung der Zukunft.

■ Polychrones Zeitverständnis

»Polychrones Zeitverständnis« bezieht sich auf das Zeitmanagement, die Pünktlichkeit und die Wertschätzung von Zeit an sich. In Argentinien hat Zeit einen anderen Stellenwert als in Mitteleuropa und wird weniger als knappe Ressource wahrgenommen. Dementsprechend gibt es weitere Toleranzgrenzen bei Verspätungen als in unserer Kultur.

■ Flexibilität

»Flexibilität« beschreibt das kurzfristige Planungsverhalten, den flexiblen Umgang mit bestehenden Plänen und das Improvisationstalent der Argentinier. Zudem reagieren Argentinier in der Regel gelassen auf Störungen des geplanten Handlungsablaufs.

■ Unverbindlicher Umgang mit Absprachen

»Unverbindlicher Umgang mit Absprachen« bezieht sich auf interpersonelle Beziehungen. Absprachen haben zwar eine allgemeine Gültigkeit und Verbindlichkeit, verlieren diese aber, wenn dem Handelnden im Verlauf der Ereignisse andere Verbindlichkeiten wichtiger erscheinen. Eine getroffene Absprache kann in der konkreten Situation dann den Zwang zur strikten Einhaltung verlieren.

Vielleicht haben Sie bei der Bearbeitung der Fallbeispiele manchmal gedacht, daß in einigen Beispielen mehr als ein einzelner Kulturstandard die Situation erklären kann. Die Anordnung der Trainingseinheiten erfolgte hauptsächlich aufgrund einer Zusammenhangsstruktur der Kulturstandards: Unter *zentralen Kulturstandards* werden allgemeine, bereichsübergreifende Kulturstandards verstanden. Diese spielen also auch in Situationen, die hauptsächlich durch einen anderen Kulturstandard erklärt werden, eine Rolle.

Neben zentralen Kulturstandards gibt es *bereichsspezifische Kulturstandards,* die erst in Abhängigkeit eines bestimmten Handlungsfeldes wirksam werden, etwa im beruflichen Bereich. Diese bereichsspezifischen Kulturstandards stehen in Beziehung zu den zentralen Kulturstandards. So müßte beispielsweise bei der Bearbeitung des Beispiels 7 sowohl der bereichsspezifische Kulturstandard »Hierarchieorientierung« als auch der zentrale Kulturstandard »Simpatía« berücksichtigt werden.

Der Versuch, die einzelnen Situationen lediglich mit einem einzigen Kulturstandard zu erklären stellt eine Vereinfachung dar. Insofern finden Sie in der Erläuterung des jeweiligen bereichsspezifischen Kulturstandards Verweise auf den zentralen Kulturstandard, der über den gerade behandelten Kulturstandard zur Erklärung der Situation beiträgt.

Die zentralen Kulturstandards, die in deutsch-argentinischen Begegnungen eine Rolle spielen, sind »Simpatía« und »Gegenwartsorientierung«. »Simpatía« als zentraler, bereichsübergreifender Kulturstandard, der die verschiedensten Bereiche wie persönliche Beziehungen, Konformität und Harmoniebestreben abdeckt. Die bereichsspezifischen Kulturstandards »Buena Presencia«, »Hierarchieorientierung« und »Ambivalente nationale Identität« hängen mit dem zentralen Kulturstandard »Simpatía« zusammen.

»Gegenwartsorientierung« als weiterer zentraler Kulturstandard verweist auf verschiedene Zeitperspektiven (Vergangenheits-, Gegenwarts- und Zukunftsorientierung), die in unterschiedlichen Kulturen vorherrschen. Er bestimmt das Zeitverständnis und -erleben, den Umgang mit Zeit und die Wahrnehmung von Zeit in Argentinien. Die zugehörigen Kulturstandards zu »Gegenwartsorientierung« sind »polychroner Umgang mit Zeit«, »Flexibilität« und »Unverbindlicher Umgang mit Absprachen«.

■ Fakten zu Argentinien im Überblick

■ Geographie und Klima

Argentinien grenzt im Norden an Bolivien, Paraguay und Brasilien, im Osten an Brasilien, Uruguay und den Atlantik und im Süden und im Osten an Chile. Mit einer Fläche von 3.761.274 Quadratkilometern ist es das achtgrößte Land der Erde und das zweitgrößte in Südamerika. Das Land erstreckt sich von West nach Ost an der breitesten Stelle über 1.423 Kilometer, von Nord nach Süd über ungefähr 3.800 Kilometer.

Es gibt eine Vielzahl verschiedener Klimazonen, vom subtropischen, warmgemäßigten Urwald im Nordosten über die fruchtbare Ebene der Pampas und die riesige, trockene Ebene Patagoniens zu den frostigen, subpolaren Steppenlandschaften im Süden.

Zum Landschaftsraum der Pampas (»Ebene ohne Bäume« in der Inkasprache) mit ihren riesigen Rinderherden gehören die Provinz Buenos Aires und Teile von La Pampa, San Luis, Córdoba und Santa Fé. Ein Viertel des argentinischen Territoriums ist Wüste, dort mangelt es an Wasser oder an fruchtbaren Bodenschichten.

Umweltschutz hat in Argentinien nicht denselben Stellenwert wie in Deutschland, und es gibt nur wenige Maßnahmen gegen die Luftverschmutzung und Lärmbelästigung vor allem in Buenos Aires (was eigentlich »gute Lüfte« heißt) und anderen größeren Städten. Auch Wasserverschmutzung und die Zerstörung von Wäldern und Pflanzen zählen zu den ökologischen Problemen des Landes. Der Atomenergie wird trotz Reaktorunfällen im eigenen Land in der Bevölkerung keine nennenswerte Kritik entgegengebracht.

Land und Leute

Bevölkerung

Laut einer Schätzung nach der Volkszählung von 1991 leben in Argentinien heute 36,6 Millionen Menschen, davon sind circa 97 % europäischer Abstammung. Vor allem spanische und italienische Einflüsse dominieren Kultur und Traditionen Argentiniens. Seit Mitte der fünfziger Jahre des letzten Jahrhunderts hat jedoch die Einwanderung aus Europa nachgelassen und der Zustrom von Menschen aus den Nachbarländern Chile, Bolivien, Paraguay und Uruguay zugenommen. Die Bevölkerungsdichte beträgt im Durchschnitt elf Einwohner pro Quadratkilometer.

Nach jahrhundertelangem Völkermord an der indianischen Bevölkerung gibt es insgesamt noch etwa 500 verschiedene Indio-Gruppen mit ungefähr 500.000 Menschen. In der Nähe der Anden leben noch etwa 200.000 Mapuches, die ihre Sprache und Kultur beibehalten haben.

Die Alphabetisierungsrate liegt bei 96,2 %, die Lebenserwartung bei 73,6 Jahren (Männer 71, Frauen 78 Jahre). 36 % der Bevölkerung leben unter der Armutsgrenze (1998), viele davon in sogenannten »villas misérias«, den Elendsvierteln rund um die großen Städte. Die Gesundheitsversorgung ist unzureichend und auf dem Land haben nur 30 % der Bevölkerung Zugang zu sauberem Trinkwasser.

Städte

90 % der Argentinier leben in Städten. In der Hauptstadt Buenos Aires (auch Capital Federál genannt) leben ungefähr 3 Millionen Menschen, im Großraum Buenos Aires 12 Millionen, das ist etwa ein Drittel der Bevölkerung, gefolgt von den Städten Córdoba mit 1,2 Millionen Einwohnern und Rosario mit 1,12 Millionen.

Mar del Plata (520.000 Einw.) ist ein wichtiger Tourismusstandort. Salta im Nordwesten des Landes (373.000 Einw.) ist berühmt für seine koloniale Architektur, und Mendóza (730.000 Einw.), in der Nähe der Anden liegend, für seine Weinanbaugebiete. Ushuaia, die südlichste Stadt Argentiniens und der Welt, auf der Insel Feuerland, hat sich von einer ehemaligen Strafkolonie und schwer erreichbarem Verbannungsort zu einem touristischen Höhepunkt des Landes entwickelt.

■ Staatsform

Gemäß der 1853 eingesetzten Verfassung ist Argentinien eine repräsentative Bundesrepublik mit Präsidialdemokratie. Die Legislative (der »Congreso«, der Nationalkongreß) besteht aus einer Senatorenkammer (dem Oberhaus) mit 72 Senatoren (drei für jede Provinz und drei für die Bundeshauptstadt) und einer Abgeordnetenkammer (dem Unterhaus) mit 257 Mitgliedern, die für vier Jahre direkt gewählt werden, wobei für jeweils die Hälfte der Sitze alle zwei Jahre Neuwahlen stattfinden.

Der Präsident und der Vizepräsident werden direkt vom Volk für eine Amtszeit von vier Jahren gewählt und können einmal wiedergewählt werden. Der Präsident ist Staatsoberhaupt sowie Oberbefehlshaber der Streitkräfte und ernennt sowohl das Kabinett als auch den Kabinettschef, der durch Kongreßmehrheit abgesetzt werden kann.

Die argentinische Verfassung orientiert sich an der Verfassung der Vereinigten Staaten von Amerika. In einigen Punkten, etwa bei der Anerkennung der Rechte von Ausländern, geht sie über jene hinaus. Gemäß Artikel 20 der argentinischen Verfassung genießen alle Ausländer dieselben Bürgerrechte wie argentinische Staatsangehörige. Entsprechend werden Ausländern dieselben Rechte zur Ausübung von Gewerbe, Handel und Beruf sowie zum Erwerb und Verkauf von Eigentum eingeräumt. Diese Prinzipien finden sich auch im derzeit gültigen Gesetz über ausländische Investitionen wieder, welches ausdrücklich die Gleichheit in der Behandlung von ausländischem und argentinischem Kapital vorsieht.

Jede der 23 Provinzen und des autonomen Hauptstadtdistrikts hat ihre eigene Verfassung und wählt ihren Gouverneur, ihre Abgeordneten und Richter ohne Zutun der Bundesregierung.

Die politische Landschaft Argentiniens wird von zwei Parteien dominiert: der Justitialistischen Partei (JP), auch Peronisten genannt, und der Union Civica Radical (UCR). Die 1890 gegründete UCR hat traditionell mehr Rückhalt in der urbanen Mittelklasse, während die Anhänger der Peronisten eher aus der Arbeiterklasse, dem »einfachen Volk« kommen. Der Anfang der neunziger Jahre des zwanzigsten Jahrhunderts gegründete Zusammenschluß einiger linker Gruppierungen und früherer Peronisten, der »Front für ein Land in Solidarität« (Frente del País Solidario, FREPASO), fand vor allem in Buenos Aires Wähler. 1997 formte sie zusammen mit der UCR eine »Allianz für Arbeit, Gerechtigkeit und Bildung«, genannt »La Alianza«. Bei den Präsidentschaftswahlen 1999 gewann die Allianz die Mehrheit der Stimmen.

■ Sprache

In der argentinischen Variante des »Castellano«, wie Spanisch in Südamerika genannt wird, gibt es einige Besonderheiten, allen voran der Gebrauch der »vos«-Form anstatt des sonst üblichen »tú« der 2. Person Singular. »Vos« ist eine altspanische Höflichkeitsform, vergleichbar dem deutschen »Ihr«. Die 2. Person Plural (»vosotros«) wird hingegen gar nicht gebraucht; mehrere Personen, auch Kinder, werden immer mit der Form der 3. Person Plural – »Ustedes« – angesprochen. Einige Verbformen der 2. Person Singular werden verändert benutzt, so sagt man beispielsweise »vos sos« statt »tú eres« und »vos podés« statt »tú puedes«.

Auffallend ist auch die Aussprache des Doppel-»ll« und des »y« als »sch«, so wird »calle« als »casche« und »mayo« als »mascho« ausgesprochen. Argentinier sind auch bekannt für ihre sprachlichen Verniedlichungen, die sie als Endung an viele Worte hängen (z. B. chiquitito).

Eine weitere Besonderheit ist der »Lunfardo«, ursprünglich eine Gaunersprache (»lunfo« heißt »Ganove«), die in vielen Tangoliedern verwendet wird. Er ist ein Mischung aus italienischen Dialekten, aus der Zigeunersprache Caló und vielen anderen Einflüssen. Zahlreiche Ausdrücke des Lunfardo sind in die Umgangssprache eingegangen.

Im Norden und Nordosten Argentiniens spricht man noch Quechua, Toba, Guaraní und einige andere Indianersprachen. Nur wenige indianische Wörter sind in das argentinische Spanisch eingegangen. Ein Beispiel ist das in der Anrede sehr häufig gebrauchte »ché« aus der Quechuasprache, was soviel heißt wie »He du!« oder »Hör mal« – vor allem bekannt geworden durch »Ché Guevara«, in Argentinien liebevoll genannt der »Ché«. An vielen Ortsnamen erkennt man ebenfalls den indianischen Ursprung.

■ Religion

Neben der Familie bildet die Religion einen wichtigen Baustein der argentinischen Gesellschaft. Mehr als 90 % der Bevölkerung ist römisch-katholisch, und der Staat verpflichtet sich zur Unterstützung des »römisch-katholischen, apostolischen Kultes«. Laut Verfassung muß der Staatspräsident katholisch sein und die Regierung hat ein Mitspracherecht bei der Ernennung von Bischöfen. Der Staat trägt aber auch die Kosten für den Unterhalt der Kirchen und für das Einkommen der Priester. Die katholische Kirche hat großen Einfluß bei politischen und gesellschaftlichen Angelegenheiten. Während der Militärdiktatur stand sie auf Seiten des Regimes und rief zu dessen Unterstützung auf.

Im alltäglichen Leben sind jedoch nur 20 % der Katholiken aktiv und praktizieren ihre Religion. Auf den Straßen oder in öffentlichen Verkehrsmitteln kann man oft beobachten, wie sich Passanten bekreuzigen, wenn sie an einer Kirche vorbeikommen. Etwa 2 % der Argentinier sind Protestanten und weitere 2 % jüdischen Glaubens.

■ Musik

Musik nimmt einen sehr wichtigen Stellenwert im Leben der Argentinier ein. Typisch für die Region Buenos Aires und weltweit bekannt ist der Tango, der in der Mitte des 19. Jahrhunderts in den Arbeiter- und Armenvierteln von Buenos Aires entstand. Tango ist nicht nur ein Tanz, sondern eine eigene, sentimental und oft melancholisch klingende Musikrichtung, verbunden mit einer eigenen Sprache, dem Lunfardo. Der später entstandene, gesungene Tango hatte vor allem die Alltagsprobleme und Träume des einfachen Volkes in Buenos Aires zum Thema. Das für den Klang des Tango typische Instrument ist das Bandoneón, eine quadratische Harmonika mit beiderseitiger Knopftastatur. Entwickelt wurde das Instrument 1840 vom dem Krefelder Heinrich Band.

Der bürgerlichen Schicht Argentiniens erschien der Tanz anfangs zu obszön und die Texte zu anrüchig. Der Tango wurde erst akzeptiert, nachdem er in Europa Mode geworden war. Seit den fünfziger Jahren des zwanzigsten Jahrhunderts sind jedoch kaum mehr neue Tangolieder entstanden und die jungen »Porteños« (die Bewohner von Buenos Aires) lehnen diese Musikrichtung als veraltet ab.

In den übrigen Gebieten Argentiniens, vor allem im Norden, sind jeweils typische Richtungen der Folklore sehr populär. Eine auch in Deutschland bekannte Vertreterin ist Mercedes Sosa, die mit gesellschaftskritischen Texten gegen Ungerechtigkeit und soziale Mißstände kämpft und während der Militärdiktatur das Land verlassen mußte.

■ Wirtschaft

■ Allgemeine Wirtschaftsdaten

Anfang der neunziger Jahre des letzten Jahrhunderts gelang es dem Präsidenten Carlos Ménem mit Hilfe tiefgreifender Strukturreformen wie Marktöffnung, Inflationsbekämpfung, Privatisierung und Deregulierung der Wirtschaft Argentiniens zu einem Aufschwung zu verhelfen.

Seit 1998 befindet sich das Land jedoch in einer tiefen Rezession. Das Bruttoinlandsprodukt ist im Jahr 2000, entgegen einer Wachstumsprognose von 4 %, um 0,5 % gegenüber dem Vorjahr gesunken und betrug US$ 276 Mrd. (1997 noch 324 Mrd.). Davon entfielen 28 % auf die Industrie, 5 % auf den primären Sektor und 67 % auf den Dienstleistungsbereich. Schon 1999 war das

BIP um 3,4 % gesunken. Das Bruttoinlandsprodukt pro Kopf betrug im Jahr 2000 US$ 7.650 (1998 noch US$ 8.275) und ist damit das höchste in Lateinamerika.

Die Ausfuhren im Wert von US$ 26,3 Mrd. bestanden vor allem aus Getreide, Fleisch, Maschinen und industriellen Vorprodukten und gingen zu 25 % nach Brasilien, zu 20 % nach Europa, zu 11 % in die USA und zu 7 % nach Chile. Die Einfuhren, vor allem Maschinen, Fahrzeuge und Chemikalien, im Wert von US$ 25.5 Mrd. kamen zu 28 % aus der Europäischen Union (Deutschland 6 %), zu 22 % aus Brasilien und zu 20 % aus den USA. Das Handelsbilanzdefizit betrug US$ 770 Millionen.

Die Arbeitslosenquote lag im Mai 2001 bei 16,4 %, in Buenos Aires sogar bei 22 %. Auf Grund der Wirtschaftskrise ist mit einem stetigen Anstieg der Arbeitslosenzahlen zu rechnen. Die Auslandsverschuldung belief sich im Jahr 2001 auf US$ 147,88 Mrd. und stellt damit das Hauptproblem der argentinischen Wirtschaft dar. Zahlungsunfähigkeit kann nur mit Hilfe von Krediten internationaler Finanzinstitutionen (IWF und Weltbank) vermieden werden.

In den ersten neun Monaten des Jahres 2001 schlossen fast 1500 Unternehmen (15 % mehr als im gleichen Zeitraum 2000), und Industriebetriebe sind nur noch zu 64 % ausgelastet. Der Konsum ist dramatisch gesunken, so wurden beispielsweise im September 2001 47,4 % weniger Autos verkauft als im September des Vorjahres.

Die Steuereinnahmen waren im September 2001 im Jahresvergleich um 14 % gefallen und lagen bei 3,5 Milliarden US$. Da die Regierung von Präsident Fernando de la Rúa dem Internationalen Währungsfond im Juli 2001 zugesagt hatte, den Haushalt auszugleichen, mußten den öffentlichen Bediensteten und Zulieferern des Staates bereits ihre Löhne um 13 % gekürzt werden, was zu heftigen Protesten und Streiks führte. Auch die Krankenkassen und die staatliche Rentenkasse mußten Kürzungen hinnehmen.

Besonders problematisch ist das ineffiziente Sozialversicherungssystem: Nur 800.000 von drei Millionen Selbständigen zahlen in die Rentenkasse ein, und neun von fünfzehn Millionen arbeitsfähigen Argentiniern bezahlen keine Sozialversicherungsbeiträge.

Das Konvertibilitätsgesetz

Die argentinische Währung (1 Peso = 100 Centavos) war seit dem 27. März 1991 durch das Konvertibilitätsgesetz fest an den US-Dollar (1 US$ = 1 Peso) gekoppelt, womit die davor herrschenden horrenden Hyperinflationsraten (bis zu 5000 %) gestoppt werden konnten. Allerdings wurden dadurch die Exporte zu teuer und verringerten sich drastisch, was Argentinien seit 1998 in eine tiefe Rezession stürzte. Argentinien war dabei besonders betroffen von einer Abwertung des Real, der Währung des wichtigsten Handelspartners Brasilien. Seit dessen Präsident Fernando Cardoso am 13. Januar 1999 die Wechselkurse freigab, verlor der Real fast ein Drittel seines Wertes gegenüber dem US-Dollar, und brasilianische Waren überschwemmen seither den argentinischen Markt, während die Exporte Argentiniens nach Brasilien stark rückläufig sind. Seit Anfang des Jahres 2002 wurde deshalb der Peso vom US-Dollar gelöst und verlor seitdem über 70 % seines Wertes, was die Verschuldung des Staates und der Bürger dramatisch in die Höhe trieb.

Mercosur

Mit dem Vertrag von Asunción wurde am 26. März 1991 die Freihandelszone Mercosur (Mercado Común del Sur) mit Argentinien, Brasilien, Paraguay und Uruguay als Vollmitgliedern und seit 1996 und 1997 Chile und Bolivien als assoziierten Mitgliedern gegründet. Ihre Ziele sind der freie Verkehr von Gütern und Dienstleistungen, gemeinsame Außenzölle und die Koordinierung der Wirtschafts-, Währungs- und Industriepolitik.

Auf einer Fläche von 11,9 Mio. km² leben in den Mercosur-Ländern 233 Mio. Menschen (1998). Das Bruttoinlandsprodukt des gemeinsamen Marktes betrug 1998 US$ 1.145,7 Mrd., zwei Drittel des gesamten lateinamerikanischen Bruttosozialproduktes. Das Importvolumen umfaßt US$ 45 Mrd., das Exportvolumen US$ 55 Mrd.

Die Organe des Mercosur sind der Consejo de Mercado Común, der von den Außen- und Wirtschaftsministern der Teilnahmestaaten gebildet wird, und der Grupo Mercado Común, das Exekutivorgan.

Seit 1995 ist in den vier Vollmitgliedsstaaten ein niedriges einheitliches Zollniveau zwischen 0 und 20 % festgelegt. Für umstrittene Produkte wie Kraftfahrzeuge, Textilien, Schuhe, Zucker und Hühner gibt es jedoch zahlreiche Ausnahmen.

Auf Grund der Abwertung des brasilianischen Real und der gleichzeitig bestehenden Stabilität des argentinischen Peso kam es jedoch immer mehr zu einem starken Ungleichgewicht in der Import-/Exportbilanz der beiden Staaten, was einer weiteren Liberalisierung des Marktes im Wege steht.

Im September 2001 waren Verhandlungen mit den USA und Mexiko über die Schaffung einer gemeinsamen Freihandelszone, der FTAA (Free Trade Area of the Americas), geplant.

■ Wirtschaftsbeziehungen zu Deutschland

In den Beziehungen zwischen Deutschland und Argentinien stehen seit jeher wirtschaftliche Aspekte im Vordergrund. Diesbezüglich können beide Länder auf eine lange Tradition zurückblicken. 1887 wurde in Buenos Aires die Deutsche Überseeische Bank, ein Tochterinstitut der Deutschen Bank, gegründet. Dort entstand 1914 auch die erste Siemens-Fabrik außerhalb Europas. Ende des 19. Jahrhunderts war es vor allem die deutsche Rüstungsindustrie, die sich in Argentinien engagierte. 1914 war Deutschland der zweitwichtigste Handelspartner Argentiniens. Die Spitzenposition hatte damals Großbritannien inne, das doppelt soviel Handel wie Deutschland mit Argentinien abwickelte.

Die engen Wirtschaftsbeziehungen zwischen Deutschland und Argentinien wurden zwar durch die beiden Weltkriege vorübergehend unterbrochen, doch bereits in den fünfziger Jahren des zwanzigsten Jahrhunderts wurden deutsche Firmen in Süd- und Lateinamerika wieder aktiv.

Heute ist die deutsche Industrie für die argentinische Wirtschaft der viertwichtigste Lieferant (nach Brasilien, USA und Frankreich). Im Jahr 2000 beliefen sich die deutschen Ausfuhren (insbesondere Kraftfahrzeuge und Maschinen) nach Argentinien auf 1,25 Mrd. US$ (6 % der Gesamteinfuhren Argentiniens); die deutschen Importe aus Argentinien (vor allem aus der Land- und Viehwirtschaft) dagegen nur auf 853 Millionen US$ (3,8 % der gesamten argentinischen Exporte).

Bei den deutschen Direktinvestitionen liegt Argentinien hinter Brasilien und Mexiko an dritter Stelle in Lateinamerika. 1999 beliefen sie sich auf 436,1 Mio. DM (kumuliert seit 1960: rund 4,7 Mrd. DM). Damit hat Deutschland 2,1 % der ausländischen Direktinvestitionen in Argentinien getätigt und liegt an achter Stelle bei den Ursprungsländern.

Von den rund 180 von der Deutsch-Argentinischen Industrie- und Handelskammer registrierten Tochter- und Beteiligungsgesellschaften gehören 40 in den Bereich Maschinenbau. 17 Unternehmen sind der Automobilbranche (incl. Zulieferer) zuzurechnen.

■ Geschichte

■ Kolonisation, Unabhängigkeit und Entstehung der Nation Argentinien

Im Jahr 1515 erreichte der Spanier Juan Díaz de Solís als erster Europäer die Mündung des Río Paraná. An Land wurde er von Indianern getötet, die Silberschmuck trugen. Seine Besatzung kehrte nach Spanien zurück und berichtete von Silbervorkommen in dem neuentdeckten Land, das daraufhin »Argentinien« – »Silberland« – genannt wurde.

Im Jahr 1536 landete der Militärgouverneur Pedro de Mendóza an der Mündung des Río de la Plata (Silberfluß) und gründete die Festung »Puerto de Nuestra Señora de Buenos Aires«.

Nach der Zerstörung durch Indianer wurde sie 1572 erneut gegründet. Die ersten Eroberungsversuche der Spanier wurden von der indianischen Bevölkerung zunächst erfolgreich abgewehrt, nach und nach wurde jedoch auch das Hinterland besetzt.

Ab Anfang des 17. Jahrhunderts gehörte das Gebiet des heutigen Argentinien zum Vizekönigreich Peru und wurde 1776 zu einem eigenen Vizekönigtum »Río de la Plata«, das aus den heutigen Bolivien, Paraguay und Argentinien bestand.

Während die übrigen Kolonien, vor allem das heutige Mexiko, Bolivien und Peru, wegen ihrer reichen Bodenschätze und eines ausbeutbaren indianischen Arbeitskräftereservoirs für die spanische Krone sehr attraktiv waren, fehlten Argentinien hingegen diese Ressourcen, und es erlangte erst relativ spät eine größere wirtschaftliche und politische Bedeutung im spanischen Kolonialverband.

Am 25. Mai 1810 wurde der spanische Vizekönig von einer Junta abgesetzt. Diese bildete eine autonome Regierung, allerdings ohne Beteiligung von Vertretern aus dem Landesinneren. Die spanischen Versuche einer Rückeroberung scheiterten. José de San Martín, seit 1815 Gouverneur der Provinz Cuyo, baute eine schlagkräftige Armee auf. Diese sicherte die endgültige Unabhängigkeit und half auch, die Nachbarländer Chile und Bolivien von der spanischen Herrschaft zu befreien. In jeder argentinischen Stadt findet sich ein Platz mit dem Denkmal des Generals San Martín, was die Bedeutung dieses Volkshelden für das argentinische Selbstbewußtsein verdeutlicht. Der 25. Mai ist bis heute argentinischer Nationalfeiertag, ebenso der 9. Juli.

Am 9. Juli 1816 erklärte der Kongreß von Tucumán die Unabhängigkeit der »Vereinigten Provinzen vom Río de la Plata« von Spanien. Im Streit um die zukünftige Staatsform zwischen den »Unitariern« (progressiv-liberale Kaufleute der Hauptstadt, die die Macht in Buenos Aires zentrieren wollten) und den »Föderalisten« (konservative Großgrundbesitzer, die für eine größere Selbständigkeit der Provinzen eintraten) setzten sich schließlich 1825 nach einem Bürgerkrieg die Föderalisten durch. 1826 wurde anläßlich der Einführung einer Verfassung der Name der »Vereinigten Provinzen des Río de la Plata« in »Argentinische Nation« umgeändert. Der Anführer der Föderalisten, Juan Manuel de Rosas, errichtete ab 1835, diktatorisch herrschend, den argentinischen Einheitsstaat. Als Gouverneur von Buenos Aires übte Rosas ein blutiges Terrorregime aus, dem über 6.000 Menschen, vor allem unitarische Intellektuelle, zum Opfer fielen.

Nach seinem Sturz 1852 gab sich Argentinien 1853 eine neue Verfassung. In der Hauptstadt Paraná wurde der »Argentinische Bund« geschaffen. Ab dem Jahr 1880 wurde Argentinien bundesstaatlich organisiert mit der Hauptstadt Buenos Aires. 1912 wurde schließlich das freie, gleiche und geheime Wahlrecht eingeführt.

Von 1837–1939 kam es zu großen Einwanderungswellen: mehr als 4 Mio. Immigranten aus aller Welt, vor allem aus Europa, erreichten Argentinien. 45 % dieser Einwanderer waren italienischer Herkunft, 32 % spanischer. Auf Grund eines steilen wirtschaftlichen Aufschwungs erlebte Argentinien sein »Goldenes Zeitalter«, es zählte zu den reichsten Ländern der Welt.

■ Das »deutschfreundliche« Argentinien

1938 lebten circa 150.000–200.000 Deutsche und Deutschstämmige in Argentinien. In der Folgezeit gelangten viele Deutsche aufgrund der Judenverfolgung unter dem nationalsozialistischen Regime sowie des Zweiten Weltkriegs als Flüchtlinge nach Argentinien. Buenos Aires bildete innerhalb Lateinamerikas eines der wichtigsten Zentren der vor den Nationalsozialisten geflohenen Deutschen. Es gab jedoch auch eine große Anzahl nationalsozialistischer Organisationen in Argentinien, in denen ca. 60.000 Deutschstämmige aktiv waren. Schon 1932 gab es eine Ortsgruppe der NSDAP mit 278 Mitgliedern und im Januar 1932 marschierten 5.000 Nazis in Uniform und mit Hakenkreuzfahnen durch die Straßen von Buenos Aires. Da aber immer mehr Gegner der Nationalsozialisten nach Argentinien einwanderten, nahmen Widerstand und Protest gegen die nationalsozialistische Ideologie zu. Im November 1938 demonstrierten in Buenos Aires 20.000 Menschen gegen Rassismus und Antisemitismus. Ein offizielles Verbot der NDSAP folgte im Mai 1939.

Während des Zweiten Weltkrieges betrieb Argentinien – wie im Ersten Weltkrieg – seine traditionelle Neutralitätspolitik und unterbrach, trotz massiven Drucks der USA und Großbritanniens, seine Beziehungen mit den Achsenmächten bis zum Januar 1944 nicht.

Nach dem Zweiten Weltkrieg bot Argentinien einer Reihe von ehemaligen Nazigrößen Schutz, darunter Josef Mengele, Erich Priebke, Adolf Eichmann, der bis 1960 bei Mercedes Benz in Buenos Aires tätig war, und dem hochdekorierten Oberst Hans Ulrich Rudel, der nach 1945 die Interessen des Siemens-Konzerns in Buenos Aires vertrat. Von den ca. 50.000 Nationalsozialisten, die nach Südamerika flüchteten, nahm Argentinien das größte Kontingent auf. Ermöglicht wurde dies durch die Unterstützung des Ehepaars Perón, das aus seiner Bewunderung für Mussolini und Hitler keinen Hehl machte. Alles in allem waren es aber höchstens 40–60 Personen, die sich auf diese Weise einem Kriegsverbrecherprozeß entzogen haben, während die Mehrheit der Auswanderer aus anderen Gründen bessere Lebensbedingungen suchte.

Obwohl der Anteil der deutschsprachigen Bevölkerung nie über 1 % der Gesamtbevölkerung lag, hatte sie einen maßgeblichen Einfluß in den Bereichen der Wissenschaft, des Militärwesens und der Technik. Auch heute genießen Deutsche in Argentinien im allgemeinen ein sehr hohes Ansehen und werden fast automatisch einer oberen Schicht zugeordnet.

■ Perón

Die Folgen der Weltwirtschaftskrise von 1929/30, die Zunahme von Korruption und Unfähigkeit der politischen Führung führten 1930 zu einem Militärputsch. Die Herrschaft von General Uriburu, ein offener Bewunderer Mussolinis, währte 13 Jahre und wurde 1943 von einem erneuten Putsch einer Gruppe von Offizieren beendet, die sich als Gegner der konservativen Politik der Militärdiktatoren unter General Uriburu sahen. Unter den Organisatoren dieses Putsches fand sich der Hauptmann Juan Domingo Perón, der in der neuen Militärregierung den Posten des Sozialministers bekleidete.

Am 24. Februar 1946 gewann Juan Domingo Perón mit 52,4 % der Stimmen die Wahlen zum Präsidenten. Seine als Peronismus oder »Justicialismo« bezeichnete Politik des »dritten Weges« zwischen dem Kapitalismus und Kommunismus stand unter dem Motto: »Politische Souveränität, soziale Gerechtigkeit und wirtschaftliche Unabhängigkeit«. Sein Einsatz für die »Descamisados«, die »Hemdlosen«, wie er seine proletarische Anhängerschaft nannte, sein Charisma und das seiner Frau María Eva Duarte (»Evita«, 1952 im Alter von 33 Jahren an Krebs gestorben) machten den Peronismus zur ersten populistischen Massenpartei. Dem Einsatz der vom Volk vergötterten Evita Perón ist die Einführung des Frauenwahlrechts 1947 und die Gründung der Peronistischen Frauenpartei 1949 zu verdanken. Durch eine Verfassungsreform schuf Perón 1949 die Möglichkeit seiner Wiederwahl. Im Jahre 1951 mit 68 % der Stimmen wiedergewählt, festigte er sein »Movimiento Justicialista«, die »Gerechtigkeitsbewegung«.

Hauptmerkmale der Regierungszeit waren die Stärkung der Gewerkschaften und die Erhöhung der Löhne, die Abschottung der argentinischen Wirtschaft und starke Staatsinterventionen. Er verstaatlichte das Bank- und Eisenbahnwesen sowie Gas- und Telefongesellschaften. Seine Verehrung für Hitler und Mussolini zeigte Perón in monumentalen Aufmärschen und einem überzogenen Nationalbewußtsein.

Mit den Jahren versiegten die finanziellen Mittel zur Finanzierung seiner ambitionierten Sozialreformen: Hilfe für die Armen, Sozialgesetze, kostenlose medizinische Versorgung in staatlichen Krankenhäusern, Wohnungsbau und Fürsorge. Im September 1955 wurde er vom Militär gestürzt und ging ins Exil nach Madrid zu General Franco. Die peronistische Bewegung wurde in Argentinien verboten. Zehn Jahre später durfte sie sich als Justitialistische Partei (PJ) wieder registrieren lassen.

Nach wechselnden Staatsführungen zwischen Militär- und gewählten Regierungen kehrte im November 1972 Perón mit seiner dritten Frau, María Estela Martinez (genannt »Isabelita«), aus seinem Madrider Exil nach Argentinien zurück. In den Wahlen vom September 1973 erreichte das Ehepaar Perón 62 % der Stimmen und übernahm das Präsidenten- und das Vizepräsidentenamt. Die sozialen und wirtschaftlichen Probleme konnte es aber mit den alten Rezepten nicht lösen: Der grundlegende Konflikt, der die argentinische Nation durchzieht, die Spaltung in wenige Besitzende und viele Besitzlose, blieb bestehen. Schon in den sechziger Jahren war eine Radikalisierung der argentinischen Gesellschaft erfolgt, und es hatten sich sozialistische, trotzkistische und maoistische Guerrilla-Organisationen gebildet, die Anschläge auf Militärs und Regierungsmitglieder verübten. Die bekannteste Guerrillaeinheit stellten die peronistischen »Montoneros« dar, die dem kapitalistischen System den Kampf mit der Waffe angesagt hatten.

1974 verstarb Juan Perón. Isabelita Perón übernahm das Präsidentenamt und versuchte vergeblich, an die Popularität von Evita Perón anzuknüpfen. Da während ihrer Amtszeit auch Inflation, Korruption, Vetternwirtschaft und der Terror von rechten Todesschwadronen gegen die linke Opposition in der eigenen Partei und gegen die Guerilla immer mehr über Hand nahmen, konnte sie sich nicht lange an der Macht halten.

■ Die Zeit der Militärdiktatur und der Falklandkrieg

Am 25. März 1976 putschte das Militär gegen die Regierung von Isabelita Perón. Im Gegensatz zu früheren Militärregierungen lag die Macht jetzt bei einer Dreier-Junta – gebildet aus den Oberbefehlshabern von Armee, Marine und Luftwaffe – der Generäle Videla, Massera und Agosti, die aus ihrer Mitte zunächst Jorge Videla als Präsidenten ernannten. Ihm folgten 1981 Roberto Viola mit der zweiten Junta (mit Lambruschini und Graffigna als weiteren Generäle) und schließlich Leopoldo Galtieri (1981–1982) als Präsident der dritten Junta (mit Anaza und Lami Dozo).

In der sieben Jahre andauernden Militärdiktatur wurden Regimegegner, linke Gewerkschafter, Intellektuelle, Künstler und einfach nur Denunzierte unter dem Vorwand der »Repression der Subversion« zu Zehntausenden verschleppt, gefoltert und ermordet, darunter 30 % Frauen. Das Schicksal vieler dieser »Desaparecidos«, der Verschwundenen, ist bis heute ungeklärt. Auf der Plaza de Mayo in Buenos Aires ziehen noch heute die »Madres de la Plaza de Mayo« jeden Donnerstag ihre Runden, Photos ihrer verschwundenen Angehörigen vor sich hertragend. Unzählige Argentinier emigrierten während der Militärdiktatur ins Ausland.

Die von der Militärregierung betriebene ultraliberale Wirtschaftspolitik ließ die Auslandsschulden von 2 auf 50 Mrd. US$ anwachsen und zerstörte 40 % der nationalen Industrie. Das Bruttoinlandsprodukt war im Jahr 1982 im Vergleich zum Vorjahr um 11,4 % gefallen, die Reallöhne um 19,2 %. Die Inflationsrate lag bei bis zu 600 %.

Um von der wirtschaftlichen und moralischen Krise des Landes abzulenken, ließ Galtieri am 2. April 1982 die im Südatlantik vor Argentinien liegenden Falklandinseln (Islas Malvinas) besetzen, die seit 1833 unter britischer Verwaltung standen und von den ursprünglich aus Schottland stammenden Kelpers bewohnt wurden. Die ca. 2000 englischsprachigen Einwohner der Inseln selbst hatten und haben zu über 90 % kein Interesse daran, zu Argentinien zu gehören. Da Argentinien aber die britische Herrschaft auf den Inseln nie anerkannt und auf seinen Ansprüchen auf die Inselgruppe beharrt hatte, konnte Galtieri auf eine breite Unterstützung in der argentinischen Bevölkerung bauen. Die Landung argentinischer Streitkräfte in Port Stanley, der Hauptstadt der Islas Malvinas, am 2. April 1982 wurde in Buenos Aires euphorisch gefeiert und begrüßt. Die für Großbritannien unter Margaret Thatcher völlig überraschende Invasion mündete schließlich in den Südatlantischen Krieg der beiden Länder. Der demütigende Verlust der Inseln für Argentinien nach 45 Tagen Kampf mit einigen Hundert Toten auf beiden Seiten schwächte die Militärjunta im Lande. Zwei Tage nachdem Argentinien am 2. Juni 1982 seine Niederlage erklärt hatte mußte Galtieri zurücktreten. Im Jahr 1983 wurde schließlich erneut eine zivile gewählte Regierung eingesetzt. Die Inseln sind heute ein Militärstützpunkt der NATO im Südatlantik, die Fischereirechte hat Großbritannien inne. Der diplomatische Kontakt zwischen Argentinien und Großbritannien war jahrelang unterbrochen. Es ist nicht ratsam, Argentinier auf diesen militärischen Konflikt um die Islas Malvinas anzusprechen; Gespräche über dieses Thema sollten von Ausländern vermieden werden.

■ Die neue Demokratie

Am 30. Oktober 1983 wurde Raul Alfonsín, Menschenrechtsanwalt und Kandidat der Radikalen (UCR), mit 52 % der Stimmen zum Präsidenten gewählt. Alfonsín ließ sofort wieder die politischen Parteien und Gewerkschaften zu und restaurierte die verfassungsmäßige Ordnung. Er setzte ein Kriegsgericht ein, das die Verbrechen der drei Militärjuntas untersuchen sollte. 1985 wurden fünf Offiziere, darunter die Generäle Videla und Viola und Admiral Massera, zu lebenslanger Haft verurteilt. 1987 wurde eine Amnestie für die Vertreter der unteren Ränge des Militärs erlassen, die aus »Befehlsnotstand« und »Gehorsamspflicht« gehandelt hätten.

Trotz eines harten Sparkurses setzte sich die Verschlechterung der Wirtschaft bis zum Ende seiner Amtszeit 1989 fort. 1989 übernahm Carlos Ménem als Vertreter der Peronisten das Präsidentenamt. Er gewann die Wahlen mit dem Versprechen von Lohnerhöhungen. Während seiner zehnjährigen Amtszeit, die durch eine neoliberale Wirtschaftspolitik gekennzeichnet war, wurde der argentinische Markt geöffnet und die Wirtschaft privatisiert und dereguliert. Er erließ eine Amnestie für die unter Alfonsín verurteilten Militärvertreter der »guerra sucia«, des schmutzigen Krieges gegen die eigene Bevölkerung während der Jahre der Militärdiktatur. Von Anfang an wurde die Regierungszeit Ménems von Skandalen getrübt. Einige seiner Kabinettsmitglieder mußten ihre Posten wegen Vorwürfen der Geldwäsche und der Korruption räumen. Auch geriet das Land am Ende seiner Amtszeit in eine tiefe Rezession, unter anderem verursacht durch die Kopplung des argentinischen Peso an den US-Dollar.

Seit 1999 übt Fernando de la Rúa von der UCR das Präsidentenamt aus. Auch er konnte die Talfahrt der argentinischen Wirtschaft nicht verhindern und das Land aus der Rezession herausführen. Bei den Senats- und Parlamentswahlen am 14. Oktober 2001 verlor seine Partei die Mehrheit in beiden Kammern des Kongresses. Er regiert seitdem gegen eine Mehrheit der oppositionellen Peronisten in Senat- und Abgeordnetenkammer.

■ Zu guter Letzt noch einige Tips

■ Begrüßungen

Grundsätzlich begrüßt man sich in Argentinien mit einem Küßchen auf die rechte Wange, selbst wenn man sich zum ersten Mal begegnet. Unter Männern ist es auch üblich, sich die Hand zu schütteln; nur engere Bekannte geben sich einen Begrüßungskuß auf die Wange.

■ Kommunikation

Argentinier sind im allgemeinen sehr warme und herzliche Menschen, die sehr gefühlsbetont und gestenreich kommunizieren. Der Abstand zwischen Gesprächsteilnehmern ist geringer als in Deutschland und Berührungen sind häufig.

■ Humor

Argentinier haben einen sehr guten Sinn für Humor. Deutscher Tiefsinn ist nicht immer gefragt. Auch bei geschäftlichen Treffen sollten lockere Unterhaltung und Scherze nicht zu kurz kommen.

■ Kleiderordnung

Kleidung ist sehr wichtig, um in Argentinien einen guten Eindruck zu hinterlassen. Auf gepflegtes und elegantes Erscheinen wird sehr viel Wert gelegt und auch Details, wie etwa Schuhe, werden genau beachtet. Im Zweifelsfall sollte man sich für eher konservative Kleidung entscheiden.

■ Besprechungen

Vereinbaren Sie Besprechungstermine gegen 10.00 Uhr vormittags oder 16.00 Uhr nachmittags. Die meisten Argentinier essen gegen 14.00 Uhr zu Mittag. Das Mittagessen in einem Restaurant eignet sich sehr gut, um Geschäftliches zu besprechen. Allerdings sollten beim Essen getroffene Vereinbarungen zu einem späteren Zeitpunkt noch einmal im geschäftlichen Zusammenhang besprochen werden; sie werden sonst nicht als bindend betrachtet.

■ Einladungen

Bei Einladungen zu einem Argentinier nach Hause sollte man ein kleines Geschenk mitbringen, wie Blumen, Schokolade oder eine Kleinigkeit für die Kinder. Wein wird als zu gewöhnlich betrachtet; gern gesehen sind dagegen importierte alkoholische Getränke wie etwa Whiskey. Wenn die Einladung beispielsweise für 21 Uhr ausgesprochen ist, sollte man nicht vor 21.30 Uhr erscheinen. Pünktlichkeit wird nur dann erwartet, wenn der Gastgeber ausdrücklich »Hora Americana« oder »Hora Inglesa«, also einen Beginn nach amerikanischer oder englischer Zeit angegeben hat. Zu beachten ist, daß die Argentinier erheblich später zu Abend essen als in Deutschland üblich, nämlich nicht vor 21 Uhr, oft erst gegen 22 Uhr.

■ Asado

Zu einem Asado ist in Argentinien immer und überall Gelegenheit. Das Grillen im Freien, der »Asado«, wird oft und gern durchgeführt. Beim Asado werden Berge von Fleisch nach einer festgelegten Reihenfolge aufgetischt. Innereien sind dabei eine Delikatesse. Es ist durchaus nicht unüblich, nur einen Teil des Fleisches bei der dritten Runde aufzuessen und sich trotzdem in der neuen Runde eine andere Sorte Fleisch servieren zu lassen. Auf diese Art kann man allzu abenteuerliche Fleischsorten geschickt und unbemerkt umgehen. Fleisch ist in Argentinien – ganz im Gegensatz zu Deutschland – eines der billigsten Lebensmittel und somit für die meisten Argentinier auch Hauptnahrungsmittel. Vegetarier stoßen eher auf Unverständnis bei Argentiniern. Auch in Firmen ist es üblich, in regelmäßigen Abständen Asados zu veranstalten, wobei Anwesenheit erwartet wird.

■ Mate

So gut wie jeder Argentinier pflegt regelmäßig seinen »Mate«-Tee zu trinken. Mate ist ein vitaminreicher Stechpalmentee, der den Appetit zügelt und anregend wirkt. Er wird entweder als »mate cocido«, das heißt als Teebeutel aufgebrüht oder traditionell mit einer »bombilla« – einer Art metallenem Trinkhalm – aus dem Mategefäß getrunken. Lassen Sie sich in die Feinheiten der speziellen Zubereitung einweisen, denn jeder Argentinier hat dabei sein eigenes kleines Zubereitungsgeheimnis. Mate wird den ganzen Tag über von früh bis spät getrunken, und die Zubereitungszeremonie ist oft ein guter Gesprächsanknüpfungspunkt für Fremde. Der Mate wird in einer Runde von bis zu 15 Personen aus dem selben Gefäß getrunken. Dabei wird er im Uhrzeigersinn herumgereicht. Wenn man seinen Mate leer getrunken hat, reicht man das Gefäß an die Person zurück, die den Mate serviert. Man sagt erst danke, wenn man keinen neuen Mate mehr möchte, und wird dann in der nächsten Runde ausgelassen.

■ Familie

Die Familie bildet das Herzstück des argentinischen Lebens und ist von enormer Wichtigkeit für den einzelnen. Viele (Groß-)Familien treffen sich allwöchentlich sonntags zu einem gemeinsamen Asado. Argentinier sind sehr kinderfreundlich, und Kinder werden zu vielen sozialen Anlässen mitgenommen. Junge Argentinier leben normalerweise bis zur Heirat bei ihren Eltern. Familiäre Beziehungen sind auch im Geschäftsleben von großer Bedeutung. Stellen werden oftmals mit Familienmitgliedern oder engen Freunden besetzt, vor allem in kleineren Firmen. Auf interessierte Fragen seitens der argentinischen Geschäftspartner zu Familie und Kindern sollte man vorbereitet sein.

■ Freundschaften

Die Anfangsphase mit Argentiniern ist sehr leicht. Sie sind sehr offen, hilfsbereit, laden einen schnell ein und vermitteln einem rasch das Gefühl, als Bekannter oder Freund akzeptiert zu werden. Dadurch werden oft überhöhte Erwartungen in Deutschen geweckt, die von einer engeren Freundschaft ausgehen. Für die Argentinier ist jedoch ein herzlicher Umgang auch unter Bekannten üblich und bedeutet keine tiefere Freundschaft. Deutsche sind dann enttäuscht, wenn sie beim Aufbau von Beziehungen immer wieder von vorn anfangen müssen und das in ihren Augen bereits aufgebaute Freundschaftsniveau nicht weiterbesteht. Versuchen Sie diesen Aspekt in Erinnerung zu behalten und nicht zu enttäuscht und verletzt zu sein. Genießen Sie die unkomplizierte und gastfreundliche Art der Argentinier.

■ Fremdsprachen

Aufgrund der schlechten Sprachausbildung in den Schulen und fehlender Praxis in Fremdsprachen, bedingt durch die geographische Lage, sprechen relativ wenige Argentinier fließend Englisch oder Deutsch. Gegenüber Ausländern besteht die Erwartung, daß die Landessprache nach einiger Zeit erlernt wird. Argentinier empfinden es nicht als unhöflich, Spanisch vor Fremden zu sprechen, welche die Landessprache nicht beherrschen. Sie würden auch im Ausland nicht erwarten, daß extra für sie Englisch gesprochen wird.

■ Fußball

Ein Gespräch über Fußball ist nie fehl am Platz, da die Begeisterung der Mehrheit der Argentinier für diese Sportart keine Grenzen kennt. Ganz Argentinien ist dabei gespalten in die Fans von den »Boca Juniors«, dem Verein aus dem Arbeiterviertel von Buenos Aires mit italienischen Wurzeln (Diego Maradona hat hier seine Karriere begonnen), und den Anhängern des River Plate aus dem Mittelklasseviertel Nuñez. Argentinien war zweimal

Fußballweltmeister (1978 und 1986) und zweimal Vizeweltmeister (1930 und 1990).

■ Machismo und Frauen

Der Begriff »Machismo« hat in Argentinien eine andere Bedeutung als in Deutschland. Er bezeichnet ein Männlichkeitsideal und Verhaltensweisen, durch welche ein Mann Würde, Respekt und Ehre erlangt. Im Umgang mit Frauen zeigen sich argentinische Männer sehr galant; es wäre etwa undenkbar, in einem Restaurant die Rechnung der Frau zu überlassen oder einer Frau an der Tür nicht den Vortritt zu lassen.

Der Bewunderung und Verehrung, die Frauen entgegengebracht werden, steht die nach wie vor bestehende Benachteiligung im beruflichen Leben entgegen, wo es Frauen trotz sehr guter Ausbildung schwer haben, in höhere Positionen aufzusteigen. Viele hoch qualifizierte Frauen arbeiten in schlecht bezahlten Jobs, um ihre Familien zu unterstützen. In den höchsten Entscheidungsgremien von Senat, Parlament und Justiz und in leitenden Positionen in der Wirtschaft sind Frauen deutlich unterrepräsentiert.

■ Ojo

Ein Hausmädchen zu beschäftigen ist mit sozialem Prestige und Status verbunden. Stellen Sie deshalb eine Haushaltshilfe ein, auch wenn Sie glauben, keine zu brauchen.

Argentinien und die Argentinier wirken auf den ersten Blick recht europäisch. Dies verleitet dazu, kulturelle Unterschiede zu unterschätzen, während man bei einem Auslandsaufenthalt in Asien oder Afrika von vornherein mehr von seiner eigenen Kultur losläßt und sich auf eine neue und fremde Kultur einstellt.

Weiterführende Literatur

Zu Argentinien und Lateinamerika

Adler, M. (1980):. Kennen Sie Argentinien? Bremervörde.

Bruns, D. (1988): Argentinien. Rieden.

Bünstorf, J. (1992): Argentinien. Länderprofile – Geographische Strukturen, Daten, Entwicklungen. Stuttgart.

Eggers, G. (1987): Argentinien. Grundlagen und Grundzüge der Wirtschaftspolitik. Bremen.

Giardinelli, M. (1998): El País de las Maravillas. Los argentinos en el fin del milenio. Buenos Aires.

Lateinamerika. Jahrbuch vom Institut für Iberoamerika-Kunde in Hamburg.

Linz, J. J.; Stephan, A. (1996): From an Impossible to a Possible Democratic Game: Argentina. In: Problems of democratic transition and consolidation. Baltimore/London, S. 190–204.

Nohlen, D.; Nuschler, F. (Hg.) (1995): Handbuch der Dritten Welt. Südamerika. Bonn, S. 146–180.

Riquelme, H. (1990): Südamerika: Menschenrechte und psychosoziale Gesundheit. In: Riquelme, H. (Hg.), Kultur und psychosoziale Situation in Südamerika. Band 1: Zeitlandschaft im Nebel. Frankfurt a. M., S. 37–47.

Sangmeister, H. (1998): Chile als Modell für Südamerika? Die Wirtschaftsreformen in Argentinien, Brasilien und Chile im Vergleich. In: Aus Politik und Zeitgeschichte. Bd. 39/98, S. 29–41.

Schönwald, M. (1998): Deutschland und Argentinien nach dem Zweiten Weltkrieg. Politische und wirtschaftliche Beziehungen und deutsche Auswanderung 1945–1955. Paderborn.

Statistisches Bundesamt (1992): Länderbericht Argentinien. Wiesbaden.

Thibaut, B. (1996): Präsidentialismus und Demokratie in Lateinamerika: Argentinien, Brasilien, Chile und Uruguay im historischen Vergleich. Politische Organisation und Repräsentation in Amerika, Bd. 5. Opladen, S. 80–111.

Waisman, C. H. (1990): Argentina: Autarkic Industrialization and Illegitimacy. In: Diamond, L.; Linz, J. J.; Lipset, S. M. (Hg.), Democracy in Developing Countries, Bd. 4: Latin America. London, S. 59–109.

■ Zum Thema Interkulturelle Kommunikation

Brake, T.; Walker, D. M.; Walker, T. (1995): Doing Business Internationally. The Guide to Cross-Cultural Success. New York.

Elashmawi, F.; Harris, P. R. (1993): Multicultural management. New skills for global success. Houston.

Hall, E. T.; Hall, M. R. (1990): Understanding Cultural Differences. Yarmouth.

Harris, P. R.; Moran, R. T. (1991): Managing Cultural Differences: High-Performance Strategies for a new World of Business, 3. Aufl. Houston.

Hofstede, G. (1980). Culture's Consequences. International Differences in Work-Related Values. Newbury Park: Sage Publications.

Hofstede, G. (1993): Interkulturelle Zusammenarbeit: Kultur, Organisation, Management. Wiesbaden.

Moran, R. T.; Harris, P. R.; Stripp, W. G. (1993): Developing the global organization. Houston.

Thomas, A. (Hg.)(1993): Kulturvergleichende Psychologie – Eine Einführung. Göttingen.

Thomas, A. (1996): Psychologie interkulturellen Handelns. Göttingen.

Trompenaars, F. (1993): Handbuch globaler Manager. Düsseldorf.

■ Web-Adressen

http://www.lonelyplanet.com/destinations/southamerica/argentina/
http://www.odci.gov/cia/publications/factbook/geos/ar.html
http://www.interknowledge.com/argentina/histroy.htm
http://www.argentinische-botschaft.de
http://www.auswaertiges-amt.de
http://www.businessculture.com/argentina/index.html
http://www.globalworkshop.com/askargentina.html
http://www.expats.com
http://www.expatexchange.com
http://www.argentinawebdirectory.com/
http://www.shadow.net/~giorgio/argentina.html
http://www.invertir.com/
http://www.argentour.com/
http://www.surdelsur.com/
http://www.mrecic.gov.ar/
http://www.cancilleria.gov.ar/comercio/pagcom.html
(Centro de Economia Internacional)

Wenn Sie weiterlesen möchten ....

Alexander Thomas (Hg.)
Handbuch Interkulturelle Kommunikation und Kooperation
Grundlagen und Praxisfelder

Die Fähigkeit zur interkulturellen Kommunikation und Kooperation mit Menschen aus unterschiedlichen Nationen wird immer bedeutsamer. „Interkulturelle Handlungskompetenz" ist bereits eine von vielen Arbeitgebern geforderte Schlüsselqualifikation.
29 Autoren aus verschiedenen Ländern erläutern praxisorientiert die zentralen Begriffe interkultureller Kommunikation und Kooperation und den aktuellen Stand der Forschung, stellen kulturspezifische Informationen zu ausgewählten Kulturregionen anhand authentischer Fallbeispiele dar, diskutieren Methoden der Diagnose, des Trainings und der Evaluation von Handlungskompetenz und behandeln zentrale Aufgaben interkulturellen Managements. Darstellungen unterschiedlicher interkultureller Praxisfelder, wie der Personalentwicklung, der Migration, der Rechtspraxis, sowie Überlegungen zu einem strategischen Gesamtkonzept für interkulturelles Handeln in Unternehmen beschließen den Band.

Sylvia Schroll-Machl
Die Deutschen – Wir Deutsche
Fremdwahrnehmung und Selbstsicht im Berufsleben

Die Globalisierung ist inzwischen allgegenwärtig. Diese Tatsache stellt viele Menschen vor neue Situationen: Kulturunterschiede sind nicht mehr nur etwas, was Touristen fasziniert und Wissenschaftler anregt, sondern sie sind weitgehend Alltag geworden, insbesondere auch in beruflichen Zusammenhängen.
Das Buch wendet sich an beide Seiten dieser geschäftlichen Partnerschaft: zum einen an jene, die mit Deutschen von ihrem

Heimatland aus zu tun haben, oder als Expatriate, der für einige Zeit in Deutschland lebt, zum anderen an die Deutschen, die mit Partnern aus aller Welt im Geschäftskontakt stehen, sei es per Geschäftsbesuch oder via Kommunikationsmedien. Für die erste Gruppe ist es wichtig, Informationen über Deutsche zu erhalten, um sich auf uns einstellen zu können. Für Deutsche selbst ist es hilfreich zu erfahren, wie unsere nicht-deutschen Partner uns erleben, um uns selbst im Spiegel der anderen zu sehen.

Sylvia Schroll-Machl berichtet auf dem Hintergrund langjähriger Praxis als interkulturelle Trainerin und Wissenschaftlerin über viele typische Erfahrungen mit uns Deutschen und typische Eindrücke von uns. Es geht ihr aber auch darum, diese Erlebnisse und Erfahrungen aus deutscher Sicht zu beleuchten, damit die nicht-deutschen Partner entdecken, wie wir eigentlich das meinen, was wir sagen und tun. Zudem beschäftigt sich die Autorin auch mit den kulturhistorischen Hintergründen, die uns Deutsche prägen.

Sylvia Schroll-Machl
Doing Business with Germans
Their Perception, Our Perception

This book concerns itself with the two sides of German business partnerships in an intercultural setting: on the one hand it deals with people working from their home country with Germans, as well as with expatriates who are living in Germany, and on the other hand it portrays Germans who have business relationships with people from all over the world, be it per business meeting or via telecommunication.

Based on her academic training and many years of experience, Sylvia Schroll-Machl describes many typical experiences that foreigners have with Germans and offers typical impressions of their behavior. It is her intention to show these experiences from a German point of view, so that non-Germans can discover what Germans actually mean when they say and do particular things. The author also concerns herself with the cultural and historical background which has shaped the German identity.

Handlungskompetenz im Ausland
Trainingsprogramme für Manager, Fach- und Führungskräfte

Marlis Martin /
Alexander Thomas
Beruflich in Indonesien
2002. 177 Seiten mit 11 Cartoons,
kart. ISBN 3-525-49052-6

Das wissenschaftlich fundierte Trainingsprogramm wendet sich an alle, die sich auf einen beruflichen Aufenthalt in Indonesien vorbereiten. Es ist für das Selbststudium konzipiert und zielt darauf ab, Verhalten und Verhaltensweisen aus der Perspektive von Mitgliedern der indonesischen Kultur interpretieren zu lernen, um sein Gegenüber besser verstehen und somit angemessener handeln zu können.

Alexander Thomas /
Eberhard Schenk
Beruflich in China
2001. 148 Seiten mit 11 Cartoons
von Jörg Plannerer, kart.
ISBN 3-525-49050-X

„Anhand von Situationen aus Arbeits- und Lebensbereichen werden Programmstellungen und Konfliktsituationen analysiert und alternative Verhaltensmöglichkeiten vorgestellt. Basis der Abhandlung sind Erfahrungen deutscher Manager in der Volksrepublik."
Nachrichten des Ostasiatischen Vereins

Stefan Schmid /
Alexander Thomas
Beruflich in Großbritannien
2002. Ca. 150 Seiten mit einigen Cartoons, kart. ISBN 3-525-49051-8

Claude-Hélène Mayer /
Christian Boness /
Alexander Thomas
Beruflich in Kenia und Tansania
2003. Ca. 150 Seiten mit einigen Cartoons, kart. ISBN 3-525-49054-2

Tatjana Yoosefi /
Alexander Thomas
Beruflich in Russland
2003. Ca. 150 Seiten mit einigen Cartoons, kart. ISBN 3-525-49056-9

Sylvia Schroll-Machl /
Ivan Nový
Beruflich in Tschechien
2003. Ca. 150 Seiten mit einigen Cartoons, kart. ISBN 3-525-49055-0

Vandenhoeck & Ruprecht